Walter Krämer
Modern Talking auf deutsch

SERIE PIPER

Zu diesem Buch

Ob in der Werbung, den Medien oder in der Alltagssprache – überall ist »Denglisch« auf dem Vormarsch: das bekannte Kauderwelsch aus englischen Wörtern und deutscher Grammatik. In diesem Lexikon hat Bestsellerautor Walter Krämer über 800 Begriffe zusammengestellt – von A wie adventure bis Z wie zipper. Augenzwinkernd erklärt er die Herkunft und Bedeutung der Wörter und führt vor, wie sich das pseudoweltläufige Neusprech in allen Bereichen durchsetzt. Wer mitreden will über die hippsten hotlines und events, wer knowledge braucht über die interessantesten issues, die smartesten snacks und die coolsten locations, erfährt in diesem guide ganz easy alle nötigen essentials und basics fürs korrekte name-dropping – in den vacations am beach oder am round-table im office.

Walter Krämer, 1948 geboren, ist Professor für Wirtschafts- und Sozialstatistik an der Universität Dortmund. Sein größter Bucherfolg ist das »Lexikon der populären Irrtümer« (mit Götz Trenkler, 1996). Zuletzt erschien von ihm »Die Panik-Macher« (2001).

Walter Krämer

Modern Talking auf deutsch

Ein populäres Lexikon

Piper München Zürich

Mit 17 Zeichnungen von Eva Krämer

Von Walter Krämer liegen in der Serie Piper außerdem vor:
Denkste! (2443)
Lexikon der populären Irrtümer (mit Götz Trenkler, 2446)
Lexikon der populären Listen (mit Michael Schmidt, 2591)
Das neue Lexikon der populären Irrtümer
(mit Götz Trenkler und Denis Krämer, 2797)
So lügt man mit Statistik (3038)
Statistik verstehen (3039)
Das Beste aus dem Lexikon der populären Irrtümer
(mit Götz Trenkler, 3279)
Die besten Geschichten für Besserwisser (mit Götz Trenkler, 3452)

Aktualisierte Taschenbuchausgabe
Oktober 2001

Umschlag: Büro Hamburg
Isabel Bünermann, Meike Teubner
Umschlagabbildung: Susannah MacDonald (»Nathan's 1995«)
Foto Umschlagrückseite: Ingo Rappers
Gesamtherstellung: Clausen & Bosse, Leck
Printed in Germany ISBN 3-492-23443-7

Vorwort

Wir schreiben den 1. 1. 2022. Soeben ist Deutschland (also known as Germany) der 51. Bundesstaat der USA geworden.

Ganz Deutschland? Nein. Ein paar versprengte Dörfer in abgelegenen Winkeln der Lüneburger Heide, der Eifel und des Hunsrücks, wo man skater noch für Kartenspieler und einen hamburger für einen Mann aus Hamburg hält, haben dieses event verschlafen. Denn nicht überall ist man mit Hollywood verkabelt, und noch immer zeigt das Imperium McDonalds auch in Deutschland weiße Flecken. Und so geht das highlight des Jahres 2022 an vielen Germans (Germanen) unbemerkt vorüber.

Diese Blöße will ich einer Kulturnation wie Deutschland mit diesem Buch ersparen. Es ist für alle Landsleute gedacht, die, mangels Internet-Anschluß oder weil sie keine Kinder haben oder weil sie in einem Trappisten-Kloster als Waschraumwärter arbeiten, die aufregenden sprachlichen Vorarbeiten für diesen merger noch nicht mitbekommen haben; diesen Sprachmuffeln zeigt das Buch in alphabetischer Reihenfolge die 1000 wichtigsten Wörter und Begriffe, die wir alle für eine brightere (breitere) gemeinsame future dringend nötig brauchen.

Dortmund, im Frühjahr 2001 *Walter Krämer*

A

"Action, Fun und High Emotions."
(Artikelüberschrift im WWF-Journal 2/1999)

access

Der Zutritt zum Internet (cyberspace). Geschieht mittels dial-up-connection durch einen provider oder online-service unserer Wahl (of our choice). Für das einloggen sowie für gewisse access privileges ist ein password (Paßwort) nötig, sonst wird der access denied.

Der point, an dem ein access stattfindet, heißt auch access point. Auch jenseits des cyberspaces gibt es access points: "Mit Blick auf die Öffnung der europäischen Finanzmärkte durch die European Investment Directive hat die Deutsche Börse weitere Schritte zur Internationalisierung getan und am 20. 02. 1996 den Access Point London in Betrieb genommen."

account

Moderne Form des Kontos. Das Hin- und Herbewegen von Geldbeträgen (money) auf accounts heißt auch accounting. Die Personen, die dieses Geld bewegen, sind die accountants. Pensionierte accountants heißen auch senior accountants.

Siehe auch "key-accounter".

act

Gesprochen "äkt". Nicht zu verwechseln mit action ("äktschen") oder Akt. Man unterscheidet Aufwärm-Acts, comedy acts, disco acts ("Der stärkste Disco Act kommt zur Zeit von der schwarzen Formation Chic aus New York"), Grusel-Acts, heiße Acts, magic acts, music acts und top acts. In einer guten show gibt es pro Nacht mehr als ein Dutzend acts.

advanced

Besonders weit fortgeschritten, nichts für beginners. Beim advanced course in der Tanzschule z. B. darf der small talk nur auf Pidgin-deutsch geschehen.

Seit neuestem kann man im internet auch messages advancen; der receiver einer message drückt den advance button, und die message wird at once advanced!

advantage

Das neue, kundenfreundliche Programm der Deutschen Telekom. Nur für Advantage-Kunden. Diese erfahren alles weitere beim Advantage-Team unter der Advantage-Nummer (number) Freecall 0800 33 01111.

Zu den special services für Advantage-Kunden gehören ein CallManager und weitere Personal Communication Services sowie ein kostenloser Englisch-Kurs.

Nach dem Fehlschlag früherer kostenloser Englisch-Kurse (City Calls, German Calls, Global Calls) wird auch diese Bildungsoffensive leider nicht von allen Kunden gewürdigt. Einige Telekommunikationsteilnehmer mit Hauptschulabschluß ließen fragen, was "Adventstage" mit Telefon zu schaffen hätten. Aber mit solchen Widerständen haben alle Neuerer zu kämpfen.

Ebenfalls erfolglos: der Versuch eines bekannten Tennisspielers, mit seinem Sohn Advantage Becker die Hürden des deutschen Namensrechts zu überwinden.

adventure

Die Steigerung von Abenteuer. Findet in adventure camps und in adventure lodges statt: In den türkischen adventure lodges der TUI etwa kann man eine Canyonwanderung und eine Zweitagestour mit dem Jeep durch das Taurusgebirge erleben, im TUI adventure camp Jarabacoa auch rafting oder mountainbiking, dazwischen lazy days und eine bye-bye party ganz am Schluß.

adventurer

Der Ausführende eines adventures. Adventurer essen keinen lunch, sondern adventure-lunch: "Menü aus der Tüte ... Jetzt gibt es in einfacher Aufmachung 'Adventure Lunch' für etwa 7 DM als Eintopf ... Erhältlich in Sportgeschäften, Kaufhäusern und Outdoor-Läden (gemeint sind outdoor-shops; W.K.)" (*ADAC Motorwelt*).

after shave

Wird leider immer noch von vielen des Englischen nur teilweise mächtigen deutschen Männern für ein Mittel zum Rasieren rückwärtiger Körperteile angesehen. Ist aber nur ein Duftwasser zum Benetzen des vorderen Gesichtes after dem shaven.

agreement of understanding
Das, was die Außenminister von Deutschland und Frankreich aufsetzen, wenn sie über etwas agreeen.

Ein agreement unter gentlemen heißt dagegen gentlemen's agreement.

airbag
Windbeutel. Auch als Aufprallschutz in Kraftfahrzeugen zu gebrauchen.

aircondition
Die condition der air. Ist die air condition fair, freut sich der ice-cream-Verkäufer sehr.

airmehl
Luftpost. Ist erheblich schneller, aber auch teurer als surface mehl. Noch schneller ist die i-mehl, aber dazu muß man erst den großen Pidgin-Schein erwerben.

airport
Ein besonders wichtiger Flugplatz oder Flughafen. Die airports sind die Heimat der airlines. Der größte airport in Deutschland ist Frankfurt/Main airport mit jährlich rund 40 Millionen Fluggästen, der größte airport Europas ist London Heathrow mit 60 Millionen Fluggästen, und der weltweit größte airport überhaupt ist Chicago O'Hare mit jährlich 70 Millionen Passagieren (passengers).

alien
Altfranzösischer Vorname (Alien Delon).

allround
Gegensatz von all-eckig. Die allround sports z. B. sind die Ballspiele, und ein allround talent ist ein guter Fußballspieler. Die größen allround talents in Deutschland waren Fritz Walter und Franz Beckenbauer.

anchorman
Der älteste Schiffsjunge an Bord; muß neben dem Anker schlafen und jeden Abend die Nachrichten verlesen.

angel shop
In der Regel ein Geschäft für Anglerzubehör (wie die Firma Powerline von Frank Sußebach in Mönchengladbach, Am Tömp 38 – Kunstköder und Wobblersets). Aber im Erzgebirge ist hinter solchen Schildern oft auch Weihnachtszubehör zu haben.

application
Kunstvolle handgefertigte Stickerei, heute kaum noch anzutreffen. Maschinen- und Computer-Applikationen werden von Experten als zweitrangig erachtet.

appointment
Besonders wichtige Verabredung. Normale Gesprächstermine sind für nobodies, appointments sind für VIPs.
Siehe auch "nobody".

art

Höhere Form der Kunst. Zerfällt in op-art (opas art), pop-art (die Kunst des Popo-putzens) und gok-art (Kunst im Hühnerstall).

Der Oberaufseher über die art heißt art director. Wer sich dem art director widersetzt, gilt als abartig und aus der art geschlagen.

Siehe auch "restart".

assessment

Die Kunst des assessens. Dabei werden zu assessende von assessern (assessoren) assessed. Findet vorzugsweise in assessment centern statt (in Gruppen (groupewise) oder one-to-one (face-to-face)). Dabei sollen "sowohl fachliche und rationale Aspekte des Bewerbers als auch persönliche und emotionale Qualitäten ... erkennbar werden".

Auch assessment centers beschreiten heute neue Wege, zum Beispiel mit "erlebnisorientierten Welcome-Workshops zur gemeinsamen Visionsfindung (gemeint war "vision finding"; W. K.)."

Siehe auch "skills".

asset allocation

Die allocation (Verteilung) der assets. "Die künftige Euro-Asset-Allocation wird ein bottom-up orientierter Unternehmens- und Sektor-Approach sein." (Ronaldo Schmitz, Vorstandsmitglied bei der Deutschen Bank in Frankfurt)

Die Verteilung von kurzbeinigen französischen Jagdhunden heißt dagegen basset allocation.

audience
Verabredung (appointment, date) beim Papst.

audit
Prüfung oder Test. Ein audit für Manager heißt auch management audit. "Taugt die Führungsmannschaft noch für die Zukunft? Immer mehr Vorstände und Aufsichtsräte wollen es wissen und checken die Qualität ihrer Topleute mit Hilfe von Beratern." (*Capital*)

Wer bei einem audit durchfällt, ist aud.

authentic trend
Anderes Wort für retro trend: moderne consumer wollen Produkte (products) mit history und street credibility, wie sie die labels Nike oder Adidas ("forever sports") besitzen. "Schließlich zeigt sich der Authentic-Trend auch im Design. Rost und Patina, die Spuren des Vergänglichen, werden bewußt als Stilelemente im Interior Design eingesetzt."
Lit.: Matthias Horx: *Trendbrowser '99*, Bonn 1999.

award
Preis, Auszeichnung. Wird vorzugsweise an des Deutschen nicht mächtige Ausländer oder sprachbehinderte Inländer vergeben: "Der Abschlußkongress des vom Initiativkreis Ruhrgebiet initiierten Projektes 'Strukturwandel an der Ruhr im internationalen Vergleich' wirft seine Schatten voraus … Denn am 18. Mai 1999 wird im Beisein von Ministerpräsident Wolfgang Clement in der Stadtsparkassengastronomie in Bochum der 'Ruhr Award des Initiativkreises' ausgelobt."

Auch für customer services, new faces und newsrooms gibt es awards, wie den "Customer Service Award" der Teleperformance International, den "New Faces Award" der Illustrierten *Bunte* oder den "Newsroom Award"der Zeitschrift *MediumMagazin*.

B

"Beauty Trend Permanent Make-up: Boom oder Bumerang?"

(Alster-Magazin)

bachelor

Gesprochen "bätscheler". Ein junger, weibchenloser Seehund in der Brunft. Im übertragenen Sinn auch Junggeselle. Deshalb auch als Bezeichnung für den ersten akademischen Abschluß in den USA gewählt (erst die Schule, dann das Leben).

Der bachelor – früher "Baccalaureus" – ist seit jeher auch in Deutschland weit verbreitet. Martin Luther z. B. wurde 1502 in Erfurt "baccalaureus artium". Im Zuge der Eingliederung Deutschlands in die USA heißt der Baccalaureus aber auch in Deutschland heute bachelor.

"Auf eine Eindeutschung (Pfui! W. K.) der englischen Bezeichnungen haben die Kultusminister bewußt verzichtet. Sie lauten daher Bachelor / Master of Engineering, Bachelor / Master of Business Administration usw."

background

Besonders stabiler Tortenboden. Gut für die Karriere.

backing

Der Vorgang des backens (upbacking oder backing up).
Siehe auch "backup".

backslash

Ein slash, der backed. Auf Deutsch umständlich "Rückstrich" ("\"). Nicht zu verwechseln mit backlash (Gegenbewegung, Widerstand) wie dem digital backlash: "Eine Verweigerungshaltung macht sich breit. Keinen Computer besitzen, offline leben, wird hip."

Lit.: Matthias Horx: *Trendbrowser '99*, Stichwort "digital backlash", Bonn 1999.

backstage

Bühne für Hinterwäldler

backup

Aufforderung zum aufbacken (nicht zu verwechseln mit hiccup oder pickup). Findet vor allem in backshops statt. Zur Belustigung des Personals läßt man beim upbacken backup-Sänger singen.

badge

Hundemarke. "Ohne badge läuft nichts" (*FAZ*).

Der / die / das badge wird vom badger um den Hals (bei Teilnehmern des Weltwirtschaftsforums in Davos auch am Revers) getragen: "Sicher aber ist: Auch im nächsten Jahr wird der Badge das Kleidungsstück Nummer eins in Davos bleiben." (*FAZ*)

Sie auch "name tag".

bad design
Warnt in den Fußgängerzonen diverser deutscher Innenstädte vor schlechten Designern; besonders häufig an Geschäften (shops) für Badezimmer-Zubehör zu finden.

bag
Kleiner Rucksack oder Tasche. Bags zerfallen in daybags, nightbags, paybags und playbags. Der Träger eines bags heißt auch der bagger.

Siehe auch "body bag".

balloon
Ein besonders bunter und farbenprächtiger Ballon. Über 80 balloon crews treffen sich in Leipzig zur "Saxonia International Balloon Fiesta".

ballyhoo
Laut Uli Hoeneß das Gegenteil von Fußball (soccer): "Lassen Sie uns lieber über Fußball reden. Endlich nur das, nicht das Ballyhoo" (Aus einem Interview in der *Welt*).

baltic dive center
Eines der hippsten dive centers an der baltic sea (Inhaber Oliver Wolf, Redderkoppel 11, 24159 Kiel, Tel / Fax 0431 / 397781). "Das Baltic Dive Center ist eine internationale Tauchschule, die nach internationalen Richtlinien Tauchkurse durchführt und international gültige Brivetierungen vergibt. Es ist eine der angeneh-

men Neuerungen unserer Zivilisation, daß mehr und mehr Anglizismen Einzug in unsere deutsche und in jede andere Sprache dieser Welt halten", (schreibt Herr Wolf). "Diese Tatsache kann nur von solchen Personen als unangenehm empfunden werden, die nicht bereit und in der Lage sind, sich entsprechend sprachlich weiterzubilden."

So sei es – wer nicht Englisch kann, kann auch nicht diven: "Menschen, die sich diesen Neuerungen nicht stellen, dürften allein durch ihre kognitiven Schwächen nicht in der Lage sein, einen Tauchkurs zu absolvieren, und gehören daher auch nicht unbedingt zu unserer präferierten Klientel."

banker

Gesprochen "bänker". Nicht zu verwechseln mit "Bankert" (Dialekt für uneheliches Kind oder Böser Bube).

Ein Bänker arbeitet in der Bank. Die Bänker, die etwas zu sagen haben, heißen auch Bankier.

Lit.: Stichwort "banker" in: R. Kaehlbrandt: *Deutsch für Eliten*, Stuttgart 1999.

banking

Das tägliche Geschäft der banker. Zerfällt in direct banking, home banking, retail banking, offshore-banking, multi-dialog-banking, phone-banking und private banking. Der Beste im banking ist der banking-king.

Lit.: "Regionalinstitute im Test – Multi-Dialog-Banking als Chance", Beilage Die Bank der Zukunft, *FAZ*, 3. 3. 1998.

barbecue

Knackige Alternative für den umständlichen deutschen Ausdruck Grill. “Wollen wir morgen barbecueen? – Nein, wir haben doch erst gestern gebarbecued!”

barcode

Die Gesamtheit aller Verhaltensregeln in der Bar: Nicht auf die Theke spucken, nicht aus dem Glas des Nachbarn trinken, nicht der Bedienung in den Hintern kneifen usw.

Verstöße sind sofort dem barkeeper zu melden; der keept ein Auge auf die drinks und auf die drinkers.

Siehe auch “dresscode”.

base

Neudeutsch für “Kusine”. Erfolgreiche Basen heißen auch Karriere-Basen; sie starten sofort durch: “So starten Sie sofort durch mit Career Base” (Werbung der Firma MLP).

Eine Base, die nur zu Hause hockt (home base), startet dagegen erst später oder überhaupt nicht durch.

Lit.: www.career-base.de

basement

Korrekter Name für “Keller” oder “Tiefgeschoß”. Bei Kaufhäusern (department stores) befindet sich im basement oft das food-department.

Siehe auch “store”.

basics

Die wesentlichen Grundlagen. Das, worauf es ankommt. Der eigentliche Kern der Sache. Die elementaren Anfangsgründe. Eben die basics.

Basics gibt es in der Politik, im Sport, im Umgang mit Finanzbeamten, und natürlich auch in fashion-Angelegenheiten. Zu den "sportlichen basics für Sie und Ihn" zählt Quelle etwa Jogginghosen, Sweatshirts, Sweaters, T-shirts (black, bleached und blue), Shorties oder Warmuphosen, auch Trilobalhosen in Crinkle-Optik.

Die Firma Piek änd Kloppenböhg zählt zu den basics auch die Blazer: "Blazer: Sie bleiben die Basics."

Siehe auch "essentials".

Lit.: Quelle Katalog sowie verschiedene Werbebeilagen der Firma P&C.

beach

Ein besonders schöner Strand. An beaches spielen beach boys beach ball und beach volleyball.

beauty farm

Das A und O von "Unser Dorf soll schöner werden". Auf der beauty farm schlafen die Schweine in einem beauty case; die schönste Kuh (die beauty queen) nimmt jedes Jahr an einem beauty contest teil.

beautiful

Full of beauty. Full of alcohol heißt auch dutiful.

beer
Besonders sorgfältig gepanschtes Bier, wie das berühmte "Binding lager beer".

benchmarking
Präziser und besser für "Effizienz- und Qualitätsvergleich". Zählte bisher im Krankenhaus zu einem unterentwickelten Gebiet: "Benchmarking im Krankenhausbereich zählte bisher aufgrund komplexer Finanzierungssysteme und mangelnder Datentransparenz zu einem unterentwickelten Gebiet" (*Krankenhausreport*).

Weniger Eingeweihte sagen hier: Die Leistungen von Krankenhäusern lassen sich nur schwer vergleichen.

Lit: "Das ATGS Benchmarking Konzept", http:/www.fmatga.co.at/atga/benchmark.html.

benchmarking

benefit
Altbiblischer Vorname. Durch Papst Benefit XIII., den Erfinder der Kirchensteuer, auch international bekannt geworden.

best practice sharing
Die moderne Alternative zum benchmarking. "Durch Benchmarking lernen wir von den Besten der Branche. Durch Best Practice Sharing nutzen wir das Wissen der Besten im Unternehmen." (Siemens)

Die Erfolgsfaktoren für das Best Practice Sharing sind Mitarbeiternetzwerke, klare Themenstrukturen und viel Support im Rahmen einer speziellen Organisation: "Im Wissensmanagement erfolgreiche Firmen unterstützen den Austausch durch eine spezielle Organisation. Beispielsweise benennen sie 'Wissens-Broker', die den Mitarbeitern als Ansprechpartner zur Verfügung stehen, wenn ein bestimmtes Best-Practice-Beispiel gesucht wird."

Diese Wissens-Broker hießen früher auch "Meister" oder "Chef"; den neuen Namen hat ihnen das best practice sharing eingebroked.

bestseller
Steigerung von goodseller. Dieses Buch ist ein goodseller. Bitte weiterschenken und ein neues kaufen, dann wird es bald ein bestseller.

Nach dem bestseller kommt der megaseller, nach dem megaseller kommt der gigaseller, und nach dem gigaseller kommt der geigerzähler.

bid-ask-spread
Der Unterschied zwischen An- und Verkaufspreisen an der Börse, früher auch Geld-Brief-Spanne genannt. Das versteht aber kein Mensch, daher diese Umbenennung.

big bang
Ungewöhnlich ängstlicher Mensch.

big business
Fette, nicht immer ganz koschere Geschäfte: "Völkerübergreifende Zusammenarbeit erfordert das Big Business der Organisierten Kriminalität" (*Spiegel*).

Das small business der nichtorganisierten Kriminalität läßt sich dagegen auch vor Ort bekämpfen.

bike
Sammelbegriff für funbikes, Traumbikes, dreambikes, Rennbikes, citybikes, cruiserbikes, carrybikes (Klappräder), powerbikes, premium power-bikes, Jubiläumsbikes ("Gudereit RC 30 – 50 Jahre Bike-Perfektion made in Germany", erhältlich in night blue und British green), wetbikes, freestylebikes, trekkingbikes, roadbikes, Sportbikes, Geländebikes und mountainbikes. Mountainbikes wiederum zerfallen in Off-Road-Mountainbikes, Herren-Mountainbikes, Ladies' Mountainbikes, Kinder-Moutainbikes und Jugend-Mountainbikes.

Anders als herkömmliche Fahrräder haben bikes v-brakes und oversize-freestyle-Rahmen (frames) mit full suspension, unicrown-Gabeln, grip-shifting, moonline-Speichenringen und easy-fire-Schalthebeln.

Der Lenker eines bikes ist der biker. Biker biken in der bikers-week nie ohne bikewear wie z. B. bike-tights oder biking shoes. Das erfordert schon die biker-Disziplin.

billing
Die Tätigkeit des Ausstellens von bills. Wird in größeren Unternehmen zunehmend vom "project manager billing" oder vom "call billing center" übernommen – das macht das billen billiger.
Lit.: call-billing-center@energie.rwe.de

binding
Brewery in Frankfurt ("Check into another world"). Verkauft ein tolles lager beer: "Seit (since) 1870: Binding lager – the international taste". Ebenfalls beliebt: Binding ICE-beer, ein joint venture mit der Deutschen Bundesbahn.

black box
Rätselhafte Umschreibung für Krankenhaus-Betriebsvergleiche: "Der Krankenhaus-Betriebsvergleich ist daher eine black box" (*Krankenhaus-Umschau*).

Nicht zu verwechseln mit black boxer. Die gewinnen medals bei olympics.
Lit.: F. W. Mohr: "Betriebsvergleiche nach Recht und Gesetz", *Krankenhaus-Umschau* 37 / 1999.

blackout
Plötzliche Verdunklung, auch des Gehirns: Der Prüfling hatte einen blackout usw.

blind date

Verabredung mit einer sehbehinderten Person (im Gegensatz zu "deaf date" = Verabredung mit einer hörbehinderten Person). Beide Ausdrücke gelten heute aber als politisch inkorrekt (politically incorrect); man sagt "physically handicapped date".

blow up

Luftpumpe. Dient zum upblowen von Reifen (tires), aber auch von pictures oder sounds: "Dank einer alten Schallplatte, aufgenommen 1965, kann steamboats.org hier den wunderbaren Sound einiger Dampfpfeifen alter Raddampfer auf dem Mississippi und Ohio präsentieren", ist unter "blow up" im Internet zu lesen. "Dazu ist der Real Audio G2 Player oder eine MP3 player nötig."

Mit dem Irreal Audio G3 Player kann man sogar den sound von alten Backpfeifen (bagpipes) präsentieren.

Lit.: www.steamboats.de/blow.htm

blue chips

Blaue Kartoffeln. Alternativ auch: Die umsatzstärksten und begehrtesten Aktien an der Börse. "Ein Blue Chip am Neuen Markt – News und Facts zum Börsengang der Consors AG" (*direct*). "Bereits vor dem offiziellen Börsengang wurde die Consors Aktie hoch gehandelt. Bei Analysten, Tradern, der Fachpresse und vor allem bei unzähligen Anlegern im BrokerBoard war Consors das IPO-Thema Nummer eins" (IPO = Initial Public Offering).

boarding pass

Erlaubnisschein zum boarden von ships, airplanes und ferry-boats. Ohne boarding pass bleibt man ein Außenboarder.

boat people

Leute, die sich Luxusjachten (boats) leisten können. Boris Becker und Bill Gates sind boat people. Dagegen gehören Prinz Philip und Queen Elizabeth, nachdem sie ihre Yacht Britannica verkaufen mußten, nicht mehr zu den boat people.

body

(i) Leiche, (ii) Autokarosserie, (iii) einteiliges Kleidungsstück für Frauen.

Wegen (i) heißen Friedhofswärter heute oft auch body guards. Die Kunst des Einbalsamierens und Verschönerns verstorbener Personen heißt auch body painting. Die ersten Perfektionisten des body paintings waren die alten Ägypter.

Vom body painting strikt zu unterscheiden ist das body styling. Body styling ist ein beliebter Kurs an der Kreisvolkshochschule Hannover: "Ein Gymnastikangebot für Frauen, das durch gezielte Übungen zur Straffung der Muskulatur beiträgt. Mitzubringen: feste Turnschuhe und eine Gymnastikmatte."

Daneben offeriert die Kreisvolkshochschule Hannover auch noch eine "Body-Gym – Eine Mischung aus Aerobic und Muskelkräftigung sowie Dehn- und Entspannungsübungen."

Lit.: Kreisvolkshochschule Hannover, Programm 1999.

body bag
Leichensack

book buttons
Buttons für books. “Der deutsche Ableger des amerikanischen Web-Shops für Bücher (gemeint sind books; W.K.) Amazon hat mit der Verlagsgruppe Handelsblatt eine größere Kooperation beschlossen. Kern des Deals ist die Einbindung von festen Buttons, die zum Angebot von Amazon führen, auf den Web-Angeboten von DM Online usw.”

Neben book-buttons gibt es auch noch Leucht-Buttons, Meinungs-Buttons (“Befreit Grönland – Nieder mit dem Packeis”) oder Kleider-Buttons. Kleider-Buttons heißen oft nur einfach buttons; sie werden z. B. auf button-down shirts angetroffen. Aber auch von Blazern und Coordinates sind buttons heute nicht mehr wegzudenken.

Konkurrenz bekommen buttons allerdings bei pants, hier schließt man Lücken immer öfter auch mit zippern.

Siehe auch “zipper”.

booklets
Kleine books (so wie “ballet”, kleiner Ball oder “wallet”, kleiner Wall). Booklets sind größer als leaflets und passen auch durch schmalste outlets.

books
Das, was man in einer break ganz gerne liest ("Have a break, have a book" – aus einer Werbung des Diogenes Verlags). Gegenstände, die keine Bücher sind, heißen auch non-books, und jede Mark, die man für Bücher ausgibt, ist eine bookmark.

boom
Gesprochen "buhm". Zerfällt in Bauboom, Babyboom, Bums-Boom, Dings-Bums-Boom, Fitness-Boom, Falschgeld-Boom und Freizeit-Boom.

Die folgenden Institutionen haben in den vergangenen Jahrzehnten sehr geboomt: der U.S.-Arbeitsmarkt, die Fußball-Bundesliga, die Frankfurter Börse, die Babies, der internationale Tourismus und das Gewerbe: "Und laut Bernd Ertl, Branchenanalyst bei der Münchner Portfolio Management, wird das Gewerbe weiter boomen." (*Spiegel*)

boots
Kleine Boote, kaum größer als ein Stiefel.

bordcase
Weniger schlimmer Unglücksfall, kann mit Bordmitteln behoben werden.

boredom
Deutsche Ostseeinsel.

boys

Männer zwischen 12 und 92. Zerfallen in cowboys, playboys, sonnyboys und Josef Boys.

Boys erkennt man am Gehabe: "Matthöfer, der Bonner Ex-Minister, der mit seinem Sonnyboy-Gehabe schon manchen getäuscht hat, lieferte allenfalls einen Beleg für die Geberqualitäten im persönlichen Image." (*Spiegel*)

brain

Der Ort, wo sich bei den meisten Menschen das Gehirn befindet. Bedarf des Trainings wie andere Körperteile auch, vor allem in der menschlichen Entwicklungsphase: "Die Brain-Gym-Übungen helfen bei Lernschwierigkeiten und fördern die Gesamtpersönlichkeit des Kindes."

Das brain-gym für Erwachsene heißt auch brainstorming (nicht zu verwechseln mit rainstorming = ohne Regenschirm durch ein Gewitter laufen).

Lit.: Kursangebot "Besser lernen mit Brain-Gym" der Kreisvolkshochschule Hannover, Programm 1999.

brain drain

Das Abzapfen von Gehirnmasse (drainage). Vor allem außerhalb der USA verbreitet, um den Intelligenzquotienten in den drainierten Ländern den U.S.-Verhältnissen anzupassen.

brakes

Besonders starke Bremsen. Bergräder z. B. haben keine Bremsen, sondern brakes. Besonders starke braker joinen die brake people: "Join the brake people" (Werbetafel am Zweiradzentrum Wunstorf).

Siehe auch "bike".

brand

Gefährliches Feuer; steigert Umsätze: "In unseren Budgetvorgaben 98/99 sind auch Umsätze aus Brands enthalten." (Aus einer Anweisung der Profiles-Restaurants an ihre Betriebsleiter). "Jeder Betrieb, der unsere Brands einsetzen kann, sollte dies auch umgehend tun. Um die Brand-Umsätze auch genau erfassen zu können, ist es unbedingt erforderlich, daß für die Brands eine separate Kostenart und Erlösart eingerichtet wird."

brand management

Einsatzleitung der Feuerwehr

brathering

Gesprochen "bräsering". Spezielle Zubereitungsart bestimmter Nordseefische.

break

Eine peinliche Situation beim Tennis: "Zum 5:4 breakt er Boris wieder. Sein zweiter Matchball (matchpoint) sitzt". (*Bild*)

Der point vor dem matchpoint heißt auch break-even point. Manche Tennisspieler breaken even bis zum erbreaken. Da braucht man sich über einen breakdown nicht zu wundern (wondern).

briefing

Das Gegenteil von debriefing. Beim debriefing werden die Teilnehmer eines meetings oder workshops gedebrieft oder de-gebrieft (vornehm für: man zieht ihnen die Unterhosen aus; das ist leider aus Sicherheitsgründen heute vielfach unvermeidlich).

Durch ein routiniertes debriefing wird das briefing (das Wiederanziehen der Unterhosen) der Teilnehmer des nächsten workshops effizienter (more efficient). “Wir bitten Sie für die abgelaufene Konferenz einen Fragebogen auszufüllen, um die Zusammensetzung der Konferenzgruppen, das Briefing und somit auch die gesamte Konferenz noch effektiver vorbereiten zu können.”

Selbst hohe Politiker müssen sich heute öfter einem briefing unterziehen: "Gemeinsames Briefing des französischen Staatspräsidenten Jacques Chirac und des deutschen Bundeskanzlers Helmut Kohl am 30. November 1996 in Périgueux" (Schlagzeile in *Frankreich-Info*, 5. 12. 1996).

Lit.: http://www.stz.dfki.uni-sb.de/~dwagner/vorlage/result.htm

broker

Kurz für "einbroker" (= Einbrecher). Von dort in übertragener Bedeutung auch für jemanden, der uns etwas einbrockt, im Sinn einer Vermittlung von Börsengeschäften.

brown bag lunch

Ein lunch, zu dem jeder sein Essen in einem brownen bag selbst mitbringt. "Liebe Kolleginnen", – schreibt eine Kollegin – "die schüchternen Versuche, einen brown bag lunch an der UniDo für Kolleginnen einzurichten, möchte ich weiterführen und zu einem nächsten informellen Mittagsmahl einladen für den 10. 6. 99, 12.15 bis 13.15 Uhr."

Ein lunch, zu dem die Teilnehmer ihr Essen in einem grünen Beutel mitbringen, heißt auch green bag lunch. Ein redback-lunch dagegen ist ein Mittagessen unter Hinterwäldlern.

browser

Gesprochen "brauser". Moderner Duschkopf mit drei Einstellungen: isi brausing, advanced brausing und hewwi brausing. Ein hewwi brauser (nicht zu verwechseln mit hewwi brieser) heißt auch Druckstrahlreiniger; er wird für die Terrassensäuberung verwendet.

bug

Vorderteil eines Schiffes.

bullish

Gegenteil von bärisch. "Wir haben eine klare Botschaft für die Anleger. Wir sind wieder bullish" (*Focus*). Nicht zu verwechseln mit bullshit.

burnout

Berüchtigter Sparkommissar im Gesundheitswesen: "Die Berufszufriedenheit ist auf einem historischen Tiefststand, Burnout führt zur Massen-Flucht aus dem Beruf". (*Ärzte-Zeitung*)

business

Zustand des konzentrierten Beschäftigtseins. Nicht zu verwechseln mit dizzyness (Zustand des Verwirrtseins).

Kommt häufig auch als Präfix vor: business voice ("Unabhängig von ihrer Größe lassen sich die verschiedenen Unternehmensstandorte in Business Voice integrieren"), business schools (Schulen für Geschaftlhuber), business outfit (Schlaganfall während einer Geschäftsführersitzung) usw.

Siehe auch "wellness" oder "happiness"; kein Zusammenhang mit Loch Ness.

Lit.: Stichwort "business", in: A. Probst: *Amideutsch*, Frankfurt 1988; "Let's talk business", *views – das VIAG Intercom Magazin zur Telekommunikation*, Juli 1998.

business class

Die Klasse der Kapitaleigner und Arbeitgeber. Geht nach Marx dem Untergang entgegen.

buy-out

Ausverkauf. Es gibt den winter buy-out, den summer buy-out und den management buy-out. Im winter buy-out buyt man boots und coats, im summer buy-out eher shirts und shorts, und bei einem management buy-out dürfen nur die manager etwas buyen.

buzzer

Busfahrer (gesprochen "basser"). Zusammen mit den truckern und den taxi drivern bilden die buzzer den sog. car pool.

by
Ersetzt die deutschen Wörter von und durch und macht dadurch unsere Sprache verständlicher und knapper: "Herrenhäuser Weizenbier Naturtrüb – nordisch by nature", "Powdered by BMW" (gepudert durch BMW), "bye bye" (durch und durch) usw.

bye-bye party
Flohmarkt

bypass
Berechtigungsschein zum Einkauf im Intershop; Überbleibsel aus der alten DDR (korrekt: buypass).

"Beim organisationsinternen Coaching lassen sich in Abhängigkeit von der Art des Coachs zwei Coaching-Varianten unterscheiden: zum einen das Coaching durch den Vorgesetzten im Rahmen seiner Führungsaufgaben. Zum anderen finden sich komplexere Coaching-Maßnamen, die von einem fest angestellten, internen Coach durchgeführt werden. Wie beim Coaching durch organisationsexterne Coaches kommen bei der internen Variante auch verschiedene Formen von Einzel- und Gruppen-Coaching zum Einsatz. Der interne Coach ist somit vielseitiger als der coachende Vorgesetzte."

(C. Rauen, Coaching: Innovative Konzepte im Vergleich, Göttingen 1999).

call center

Ein center für calls. Call center werden immer mehr zu "Allround-Auskunft-Pools", weg vom "Outbound Call Center – hin zur Inbound-Lösung."

Selbst "Start-up-Firmen im Servicebereich" haben heute schon Call-Center. Die dort beschäftigten Call-Girls bewerben sich auf "Call Center Jobbörsen" oder werden selbst gecallt. "Mittlerweile hat sich bei Bewerbern der Gedanke durchgesetzt, daß eine Tätigkeit in einem Call Center eine Dienstleistung ist." (Marion Schmitz von der Database Marketing Communication GmbH)

canceln

Von der Kanzel herab sprechen: Der Alte hat mich wieder richtig abgecancelt.

Der Übergang zur Zweitbedeutung "absagen, verlegen" ist etymologisch ungeklärt. "Claudia Kohde-Kilsch hatte eine Fußverletzung, die sie zwang, ihr Wimbledon-Doppel zu canceln." (H. Faßbender).

Lit.: Stichwort "canceln", in: A. Probst, *Amideutsch*, Frankfurt 1988.

canyoning

Das Fortbewegen in einem canyon. Canyoning zerfällt in straightes canyoning und salty water canyoning. Beim salty water canyoning canyoned man durch salty water: "Salty Water Canyoning. Stellen Sie Ihren Mut auf die Probe: Nach kurzer Rast geht es immer tiefer in die enge Schlucht. Tolle Sprünge bis zu 10 m, ein kurzer, aber beeindruckender Höhlenteil und jede Menge salty water warten auf Sie" (aus einem TUI-Prospekt).

care

Zerfällt in hair care, fair care, managed care und tender and loving care (Unzucht bei den Eisenbahnen).

cargo

Das offizielle neue Wort für "Fracht". Im Kabel 1-Glücksrad wurde einer Kandidatin, die statt cargo "Fracht" als Antwort auf die Frage nach "Nutzladung" gegeben hatte, zu Recht das Preisgeld abgesprochen.

cargo pants

Pants für cargo. Sind, wie etwa von der Firma BRAX ("The sign of good trousers") unters Volk gebracht, durch "Styling und Funktion" von ordinären Hosen abgegrenzt: Cargo pants haben Taschen, um die Hand hineinzustecken, und Taschen für cargo: Klaviere, Bierkästen, Briketts, was eben alles so an Fracht in einem Haushalt anfällt heutzutage.

career

Eine besonders steile Karriere. Wer eine career anstrebt, bewirbt sich bei der German Career Service GmbH, Hohenzollernring 38–40, 50672 Köln; um einen Platz bei der Career Futures, Deutschlands großer Rekrutierungsveranstaltung (recruiting event) in Köln (Cologne).

carport

Ein port für cars (s-port = port für ships).

case manager

Die moderne Form des alten deutschen Hausarztes. Der Doktor managed Kranke, aber der case manager managed cases!

Das case management ist Teil des care managements. Das care management wird von care managern gemanaged, die den case managern beim managen der cases helfen. Das meint Dr. med. Klaus Meyer-Lutterloh, der Vorstandsvorsitzende des Bundesverbandes Managed Care e.V.: "Meyer-Lutterloh ist davon überzeugt, daß solche Regelungen auch Hausarztverträge zuließen – etwa mit entsprechenden pauschalen Beitragsermäßigungen zugunsten der Versicherten."

Siehe auch "managed care".

Lit.: "Managed-Care-Modelle verstärkt gefragt", *Deutsches Ärzteblatt*, 2. 7. 1999.

cash

Vulgäre Form von money. Über money spricht man nicht, aber "über cash, da kann man spräch", wie schon Martin Luther in seiner wenig bekannten Übersetzung des Kamasutra völlig richtig meinte.

Mit cash zahlt man im Supermarkt die Rechnung (cash and carry). Wahlberechtigte ohne Abitur dürfen aber auch in Zukunft "Bares" oder "Bargeld" sagen.

Siehe auch "money".

cash flow

Der Geldfluß. Am cash flow trinkt die cash cow.

casting

(i) Turnierform des Sportfischens; (ii) das gewerbsmäßige Werfen mit Kästen (korrekt: Kasten-casting); (iii) Rollenbesetzung bei Film und Fernsehen. ("Das seit fast einem Jahr im Future Point durchgeführte Casting ist mittlerweile zur Institution geworden"; "1997 wurde sie für RTL gecastet" usw.).

catchen

Beliebter Nebenberuf für Geistliche: "Zwei Reverends catchen für Jesus." (*Flensburger Tageblatt)*

Siehe auch "wrestling".

catering

Kommt in zwei Bedeutungen vor: (i) die professionelle Pflege und Aufzucht von Katern, und (ii) Bereitstellung von Essen und Trinken.

Der größte caterer Europas im Sinn von (ii) ist die Lufthansa Service GmbH mit mehr als 1000 Mitarbeitern. "Dabei gehen die Cater-Leistungen weit über die Verpflegung hinaus. Wenn der Fluggast ißt und trinkt, Zigaretten oder Parfüm kauft, wenn er sich eine Magentablette, ein Kopfkissen oder eine Zeitung bringen läßt, beansprucht er über die Stewardeß Cater-Dienste". (*Süddeutsche Zeitung*)

Neben dem airline catering gibt es noch das event catering und das party catering. Das event catering catert für events, das party catering catert für parties (es sei denn, dic party ist zugleich auch ein event, dann entscheidet das Los unter Ausschluß des Rechtswegs.)

Lit.: Stichwort "catering", in: Broder Carstensen: *Anglizismen-Wörterbuch*, Band 1, Berlin 1993.

catwalk
Straße für Katzen. Nach einer alten Bauernregel werden Jungfrauen nach dem Begehen eines catwalks auch ohne Männer schwanger: "Statt hochhackig über den Catwalk zu stolzieren, schiebt so manches Supermodel zur Zeit lieber Kinderwagen." (*Spiegel Online*)

catsuit
Mantel aus Katzenfell: "Leslie steht da im grellen Licht – so sexy wie noch nie in seinem knallengen, schwarzen Catsuit und den weißen Wildlederstiefeln." (*Bravo*)

celebrities
Rätselhafte Krankheit ("Zelebritis") von Personen, die zuviel in talk-shows auftreten.

center
Das Zentrum bzw der zentrale Punkt (point). Das bekannteste center in Deutschland ist das city center. Eine Spezialklinik für Übergewichtige heißt auch Zentner center.

CEO
Kurz für "chief executive officer". Oberster Halsabschneider. Der CEO in Paris zur Zeit der Französischen Revolution hieß George Lanson; er hat Marie-Antoinette, Ludwig den XVI. und mehrere Tausend andere Franzosen körperlich verkürzt und einem besseren Leben zugeführt.

Aber auch CEOs selber müssen sterben: "Texas-In-

struments-CEO Junkins erliegt plötzlichem Herzinfarkt." (*Computerwoche*)

Nicht zu verwechseln mit TEO = häufiger Vorname bei Fußballspielern.

cereals

Cerealien. Cereals zerfallen in Rice Krispies, Honey Loops, Frosties, Choco Smacks, Kellog's Fruit 'n' Fibre (Vollwertflakes mit Früchten und Nüssen, nuts) und Kellog's Special K (knusprige Flakes aus Reis und Vollwertkörnern). Weniger flockige Flakes dagegen werden auch als Haferflocken (haferflakes) bezeichnet.

Nicht zu verwechseln mit serials (Fernsehserien) und serial's (Genitiv von Seriennummer).

Siehe auch "flakes".

chairman

Der Stuhlmann alias der Erste Vorsitzende (Chairman Mao). Im Zug der Gleichstellung von Mann und Frau auch chairperson genannt (Chairperson Mao).

challenge

Eine tolle Idee der NRW-Kulturministerin Gabriele Behler: Um den Schulsport aufzuwerten, wird es an allen Schulen des Landes ein (eine?) Schulsport-Challenge geben!

Die Schulsport-challenge ereignet sich am challenge day. Der challenge day ist von größter Bedeutung für Gesundheit und Charakterbildung aller kids in Northrhine-Westfalia. "Allein von daher sollte die Teilnahme am 'Challenge-day' schon als verpflichtend angesehen werden" (Aus einem Brief des Schulamtsdirektors für den Kreis Rhein-Sieg an seine Lehrer (teachers)).

challenger

Der wo challenged. "Abgesehen von je einem Sieg für den Champion und den Challenger gingen 35 Partien unentschieden aus." (*Spiegel*)

Lit.: Stichwort "challenger", in: A. Probst, *Amideutsch*, Frankfurt 1988.

champions league

Die Liga der champions. Heißt auch Liga de Campeones (Spanien), Ligue de Champions (Frankreich), Liga Mistru (Tschechien), Mestareiden Liiga (Finland) oder Mesterligaen (Norwegen). Nur die Engländer haben die deutsche Bezeichnung übernommen und nennen die Champions League so wie wir auch "Champions League". Dafür sollten wir uns ruhig auch mal über den Kanal bedanken!

characters

Die große Jobmesse und Praktikantenbörse der Management Consultants Westerwelle & Partner GmbH, Kaiser Wilhelm Str. 93, Hamburg, mit mehr als 60 Topunternehmen wie Arcor ("The telephone people"), Siemens ("Vereinte Power für Open Enterprise Computing") oder Viag Intercom ("let's talk business").

Lit.: www.characters.de

charity

Bekanntes Berliner Krankenhaus.

chart

Besonders sorgfältig gemachtes Schaubild. Wurde früher mit Nadeln geätzt (daher auch: eine charte auswetzen).

chatten

Beliebter Zeitvertreib von newsgroups im usenet. Anders als beim chatten-boxen legt man beim normalen chatten großen Wert auf chatiquette: chatter, die andere chatter bechatten, haben sehr schnell ausgechattet. Chatte!

checken

Kurz für auschecken = einen check ausstellen. Findet oft an check-points statt. Das vorzeitige Ausstellen eines checks heißt auch vorchecken, das Einlösen eines checks heißt einchecken.

check-up

Etwas, das sich immer lohnt: "Ein Check-up verbunden mit einer gesundheitlichen Neuorientierung lohnt sich immer." (*Spiegel*)

children's garden

Längst überfällige Eindeutschung des englischen "Kindergarten". Als nächstes: Daimler-Bence für "Daimler-Benz".

chips

Die Hits des Jahres: "Die Hits des Jahres sind Chips, Sticks und Nüsse (nuts)." (*Neue Westfälische*)

Lit.: Stichwort "chips", in: Broder Carstensen: *Anglizismen-Wörterbuch, Band* 1, Berlin 1993.

christival

Modernes Christus-Festival. Das letze christival fand 1996 in Dresden statt: "Mit einem Open-Air-Gottesdienst im Dresdner Stadion ist der Jugendkongreß 'Christival 96' am Sonntag zu Ende gegangen." (*Sächsische Zeitung*)

Christmas

Traditionelles abendländisches Familienfest kurz vor der Jahreswende. Die Leute singen "we wish you a merry christmas" und sind merry.

Zu Christmas gehört das shopping und der Christmas tree. Unter dem Christmas tree liegen presents für die kids. Vor Christmas versenden viele Leute Christmas cards. An Christmas zieht Santa Claus mit Rudolph, the red-nosed reindeer über den abendlichen Christmas-Himmel.

Am schönsten ist natürlich ein white Christmas, aber davon kann man oft nur dreamen.

city

Gesprochen "sitti". Heimat der citizens. Die bekanntesten cities sind New York City und Publi-City.

city call

Fachausdruck für ein Telefongespräch von Dorf zu Dorf. Ein Telefongespräch von city zu city heißt German call, ein Gespräch von Land zu Land heißt global call.

city master

Oberbürgermeister.

city of the euro

Neuer Name für die deutsche Weltstadt Fränkföht. Gesprochen "ßitti ow se juro". Immer noch besser als "the city of the urine" (wegen des Gestanks in vielen

U-Bahnhöfen). Leider ist dieser Versuch, durch marginale Wortverfremdung diesen Spruch ins Positive zu kehren, gleichfalls in die Hose abgegangen – zu viele Fränkföhter meinen, der Euro sollte sich verpissen.

civil

Gesprochen "ßiwwel". Der neue Name für die Sparte Hochbau der Hochtief AG.

"Warum werden die neuen Sparten und Funktionen fast ausschließlich mit englischen Begriffen versehen – wie Civil für Tiefbau und Building für Hochbau?" (fragt ein Reporter den Vorstandsvorsitzenden Dr. Hans-Peter Keitel).

Dr. Keitel: "Das sind zunächst nur Arbeitstitel. Ich gebe zu, daß sich das ein bißchen verselbständigt hat. Was wir mit Hoch- und Tiefbau meinen, läßt sich aber im Englischen mit Building und Civil einfach besser beschreiben. Im Deutschen bezeichnen die beiden Begriffe eigentlich keine Aufgabenfelder. Sie erklären nur, ob sich etwas unter der Erdoberfläche oder darüber abspielt. Im Englischen ist das anders: Da wird zum Beispiel mit Civil der konstruktive Ingenieurbau beschrieben. Im Deutschen wird das mit Tiefbau eben nur sehr unzureichend wiedergegeben."

Sehr überzeugend. Aber wußten Sie schon, Herr Keitel, daß sich viele Dinge noch weit besser auf kisuaheli formulieren lassen?

clan

Gesprochen "klähn". Eine erweiterte Form der family, auch mit entfernteren relations. Bekannt sind etwa der Denver-Klähn und der Ku-Klux-Klähn, in Deutschland (Germany) auch der Strauß-Klähn ("Gestern abend war Max wieder da: der Strauß-Clan feiert wieder Geburtstag" – *Bild*) oder der Sachs-Klähn: "Der Sachs-Clan hat sich oberhalb von Oberaudorf ein prachtvolles Refugium eingerichtet, unterhält Swimmingpool und Hubschrauber-Landeplatz." (*Spiegel*)

Siehe auch "clanning" oder "family".

Lit.: Stichwort "Clan", in: Broder Carstensen": *Anglizismen-Wörterbuch*, Band 1, Berlin 1993.

clanning

Das Aufbauen und Unterhalten von clans. Die Extremform des clanning ist das cloning.

Lit.: Stichwort "clanning", in: Matthias Horx: *Trendbrowser '99*, Bonn 1999.

clash of cultures

Das was passiert, wenn zwei Unternehmen mit unterschiedlichen Kulturen mergen. "Wenn der eine relationship-orientiert und der andere transaktionsorientiert gewesen wäre, hätte es einen clash of cultures gegeben." (Deutsche Bank Vorstandssprecher Breuer zur Fusion mit Bankers Trust)

classics

Sammelbegriff für Dichter wie Goethe, Schiller, Dante usw. Noch lebende classics heißen neo-classics.

clean

Blitzsauber. Wird besorgt durch einen cleaner. Moderne cleaner heißen auch cleanser wie der "Granular Face Cleanser" der Firma Etienne Aigner Cosmetics. "Der Granular Face Cleanser der Etienne Aigner Cosmetics macht Männerhaut mehr als sauber" (Anzeige im *Spiegel*).

clearing-house

Agentur für Fensterputzer. Weil clearing-houses zu einem besseren Durchblick verhelfen, wird der Begriff auch in einem übertragenen Sinn des Aufklärens von Mißverständnissen oder der Verrechnung von Zahlungen gebraucht: "Wir fungieren dann als Clearing house und fordern die Fachleute in den größeren Ländern an." (*Die Zeit*)

clienting

Vornehmere Art des Kundenfangens: Die Kunden (clients) müssen glauben, sie bekämen etwas geschenkt!

Für einen Apfel und ein Ei (an apple and an eye) hat z. B. das Wirtschaftsministerium von Rheinland-Pfalz eine wertvolle Studie "Neues Clienting" erstellen lassen (mit einem Kaffeeservice als Zugabe und einem Haartrockner für die Frau Ministerin), wie mehr Gäste an den Rhein und an die Mosel zu locken wären. "Viele Gäste, wertvolle Gäste, Gäste mit den unterschiedlichsten Neigungen, Gäste aus allen sozialen Schichten ... es richtet sich also alles auf das neue 'Clienting' aus. Die Visionen und deren Umsetzungen. Das 'Clienting' steht bei der Zukunftsentfaltung ganz oben."

Denn moderne clients wollen im Urlaub was erleben: "Selbst Einkaufen wird zum Erlebnis-Shopping in den großen 'Malls'. Viele Angebote sollten sich in diese virtuelle Welt hineinentwickeln. So könnten Hotel-Zimmer mit Play-Stations ausgerüstet sein, Orte sollten 'Highlights', z. B. in Form von Sport-Events schaffen ... Aber auch moderne Kultur – z. B. in Form von Laser-Shows – lockt Gäste an."

Leider stehen diesem Konzept noch die altmodischen deutschen Namen vieler rheinland-pfälzischer Städte entgegen, die für moderne clients nur schwer auszusprechen sind. Erste Versuche in Richtung Mines, Dreer oder Ludwig's Harbour sind noch nicht auf allgemeine Akzeptanz gestoßen.

Lit.: http://www.clienting-marktplatz.de; "Neues Clienting – Wirtschaftsfaktor Tourismus", Broschüre des Wirtschaftsministeriums Rheinland-Pfalz.

closed

Kurz für "water closed" (= WC).

Siehe auch "open".

clownin

Weiblicher Clown. "Eine Clownin des Schicksals. One-woman-show: Marlen Diekhoff als 'Zelda'." (*Frankfurter Rundschau*)

coach

Fernsehsofa; das Herumlümmeln auf dem Fernsehsofa heißt auch coachen; wer viel coacht, ist eine coach potato. Leider wird das coachen nicht immer gern gesehen: "Er kassierte eine Verwarnung wegen unerlaubten Coachens." (Die *FAZ* zu Günter Bosch)

Man unterscheidet heute neben unerlaubtem coachen oder coaching noch internes coaching, externes coaching, Gruppen-coaching, Einzel-coaching, Selbst-coaching und Vorgesetzten-coaching. Vor allem Selbst-coaching ist dabei umstritten; nach Auskunft maßgeblicher Kirchenkreise soll man davon Haarausfall und weiches Rückenmark bekommen.

Lit.: C. Rauen: *Coaching: Innovative Konzepte im Vergleich*, Göttingen 1999.

Nationalelf mit Coach

cocooning

Das Leben in einem cocoon. Vor allem unter Maden und Insekten weit verbreitet.

Lit.: Stichwort "cocooning", in: Matthias Horx: *Trendbrowser '99*, Bonn 1999.

collection

Sonntägliche Sammlung in der Kirche. Wird oft noch getrennt nach Geschlechtern durchgeführt: men's collection und women's collection. Dienen auch zur Unterstützung von unverschuldet in Not geratenen Zeitgenossen (Claudia Schiffer collection).

Cologne

Gesprochen "kelohn". German city, formerly known als "Köln". Beliebtes Reiseziel der Firma Rainbow Tours: "Jeden 1. Donnerstag im Monat ab 22.00 Uhr: Mega-events für boys and girls!"

Weitere highlights: Die jährliche "Cologne Conference" im Rahmen der "Cross Over Media", ein must für Film-Freaks from all over the world mit der bekannten Diskussionsrunde "Casting, Cutting, Catering" sowie workshops zu "Sex in the city" und "Gays in Europe". Und der "future point", eine "Internet Location mit Weltrang", plus sunday live-music mit den Kelohner Gruppen Warehouse oder Tribalhouse, sowie raving und inline-skating an verschiedenen locations.

Nur der ältere Kelohner läßt es etwa langsamer angehen; er trinkt weiter gerne altes Bier und feiert in der carnival season seinen carnival, wie schon zu Zeiten Conny Adenauers (Wie sagte der noch in Berlin so stolz zu Johannes Kennedy: "Ich bin ein Kelohner!").

colours

Das Bunte in unserem Leben. Colours zerfallen in coole colours, softe und simple colours ("Colours soft and simple" – Otto-Katalog), united colours und bio colours: "Make-up Neuheiten, die japanische Fortschritte, fernöstliche Ästhetik und eine gewisse geniale Einfachheit vereinen, bringt Kanebo für den kommenden Frühling: die Bio Colours im Magic Makeup-System." (*Wochenspiegel*)

comeback

Gesprochen "Kammbäck". Modische Herrenfrisur à la Lagerfeld: Streng zurückgekämmtes Haar, eventuell (eventually) zu einem Pferdeschwanz geformt. Wird heute sogar von älteren Politikern getragen: "Kurt Biedenkopf versucht sein Comeback und bewirbt sich um einen der sieben Stellvertreter des Vorsitzenden Kohl." (*Mannheimer Morgen*)

come in and find out

Eine Aufforderung zu einem Geschicklichkeitsspiel für Kunden der Parfümeriekette Douglas AG: Wer zuerst aus dem Laden wieder herausfindet, hat gewonnen. Der Tagessieger erhält zwei Proben Duft der großen weiten Welt und darf sich sieben Jahre kostenlos den after shaven.

comics

Der Grund für die Verrohung unserer Jugend: "Sind die Gangsterfilme ... und die Bildstreifen der Comics an der Verrohung der Jugend mitschuldig?" (*Die Zeit*). Das ist eine ernste Frage und überhaupt nicht comic.

come on

Aufforderung zur Diözesan-Jugendwallfahrt 1998 "Pilger-Pleasure-Pur" mit vielen events und happenings! Komplette Wallfahrt mit Unterkunft und Verpflegung DM 258,–.

Siehe auch "christival".

Lit.: "Open and '98", Faltblatt des erzbischöflichen Jugendamtes der Erzdiözese Freiburg, 1998.

commercials

Das, womit die Amerikaner leben wie die Osteuropäer mit Transparenten: "Amerikaner leben mit Commercials wie Osteuropäer mit Transparenten."(*FAZ*)

commitment

Kommt von "mitkommen". Heute eher im Sinn von "Selbstverpflichtung" zu verstehen. Man committed sich zu etwas: einmal am Tag den Hund ausführen, im Sitzen pinkeln, das Rauchen aufgeben usw.

Lit.: Stichwort "Commitment", in: R. Kaehlbrandt: *Deutsch für Eliten*, Stuttgart 1999.

community

Eine common unity (= gemeinsame Eins). Communities zerfallen in Anleger-Communities, Business-communities, Investor-Communities, Finanz-Communities und common Communitites.

Im Rampenlicht stehen zur Zeit natürlich die Finanz-Communities: "Anfang März konnten sich Fernsehzuschauer erstmals einen Einblick in die erste echte Finanz-Community in Deutschland verschaffen." Diese erste echte Finanz-Community in Deutschland heißt investornet; sie besteht aus echten members, so wie dem star member Maria 1 aus Österreich:

"Maria 1, Sie sind seit Ende August '98 Mitglied (member) im investornet. Wie sind Sie auf das investornet gestoßen?"

Maria 1: "Ich hatte meinen Internetanschluß erst kürzlich und war auf der Suche nach Wirtschafts- und Finanzinformationen auch außerhalb Österrreichs. Auf einem meiner Surfausflüge landete ich dann bei investornet."

"In der Top-List stehen Sie mit Ihrem Nickname Maria 1 derzeit auf Platz 2. Was interessiert Sie besonders stark?".

Maria 1: "Mich interessieren die hitzigen Wortgefechte der Profis und ich lerne viel vom Erfahrungsaustausch der börsenerfahrenen Chatter" usw.

Siehe auch "investormeetings".

community policing

Das policing einer community. Steht für "die Wende zu einer grundsätzlich neuen Sicherheitsphilosophie". Denn beim community policing policed nicht nur die police: "Im Mittelpunkt des 'Community Policing' steht ein gemeinsames Vorgehen aller in einer Stadt oder Gemeinde zuständigen Behörden und Institutionen. Trotz an sich unterschiedlicher Zuständigkeiten und trotz der Trennung von Ämtern in Land und Gemeinde setzten sich Bürgermeister, Polizei, Ordnungs- und Verwaltungsbehörden, Verkehrsbetriebe und Privatleute an einen Tisch."

Lit.: Artikel "Community policing" in einer Infoschrift der Landesregierung Baden-Württemberg.

company

Kleinste selbständige Einheit beim Militär mit 100 bis 200 Mann. Vier bis sechs companys bilden ein battalion, und 5 battalions ergeben eine division. Mehrere divisionen zusammen ergeben eine multiplikation.

competence

Der Name für den neuen Herd von AEG. Mit Backauszug und Backcontroller. "Ein Herd-Konzept, bei dem es praktisch nichts, was es gibt, nicht gibt."

compliance

Das, was vielen Kranken und Patienten fehlt: sie tun nicht das, was der Doktor sagt (kurz: sie complien nicht).

Zum Glück ist aber Rettung unterwegs: "In Großbritannien sind verschiedene neue Arzneimittel mit Wirkstoffkombinationen eingeführt worden, die zu einer Verbesserung der Compliance der Patienten beitragen sollen."

Lit.: "Kombinationspräparate für bessere Compliance", *Phamazeutische Industrie* 5 / 1999.

concert

Besonders wertvolles Konzert. Concerts zerfallen in live concerts und death concerts (requiems). Das bekannteste death concert stammt von Wolfgang Amadeus Mozart.

confirmation

Traditionelles Einführungsritual in die Gemeinschaft der evangelischen Kirche. Wird in religiös gebundenen Hotels benötigt, um ein Zimmer zu bekommen ("no reservation without confirmation").

connections

Wichtiger input für das moderne career management, neben performance oder competence. Ein must für die career-promotion.

Auch die Klassiker der deutschen Dichtung waren auf connections angewiesen: "Goethe hatte zu seiner Zeit die besten connections." (ZDF Morgenmagazin aus Anlaß des 250. Geburtstags)

Siehe auch "networking".

consulting

Verschärfte Form der Beratung. Deshalb auch etwas teurer. Die einschlägigen Berater heißen Honorarconsulter.

container

Ein Behälter zum containen von Pflanzen, Altglas, Müll und Frauenbeinen: "... stak ein Frauenbein im Müllcontainer einer Mädchenschule ..."*(Spiegel)*

Lit.: Stichwort "Container", in: Broder Carstensen: *Anglizismen-Wörterbuch*, Band 1, Berlin 1993.

contest

Sängerwettstreit zum 250. Geburtstag Goethes: "Die Volkswagen Sound Foundation (VSF) ruft NachwuchsmusikerInnen mit dem Wettbewerb 'Rosebud Red – Songs of Goethe and Nietzsche' dazu auf, Gedichte und Balladen dieser beiden Weimarer Geistesgrößen zu vertonen."

Lit.: "Newcomer-Contest mit Dichtern und Denkern", *Bremer Anzeiger*, 23. 1. 1999.

controlling

Das tägliche Brot der controller (assistant controller, cost controller, credit controller, documentation controller, financial controller und service controller). Es gibt fast nichts, das controller nicht controllen.

convenience

Nützliches Beiwort für vielerlei Dinge und Produkte: Convenience Store, convenience Produkte (products), convenience food: "Der Fisch ist heute auf dem besten Wege zum Convenience Food" (*Kluge Hausfrau*). How convenient!

cool

Bundeskanzler a. D.

corned beef

Gecornertes beef (nur in Eckläden zu haben).

corporate design

Ein flexibles System für die Darstellung der Fachhochschule Potsdam. "Ziel der Veranstaltung ist es, ein flexibles System für die Darstellung der Fachhochschule Potsdam nach innen und außen zu entwickeln und anhand dieses konkreten Auftrags Aspekte aus dem Bereich Corporate Design zu einer erkennbaren Einheit zusammenzuführen" (aus dem Potsdamer Fachhochschulbriefing "step by step").

Lit.: http://www.design.fh-potsdam.de/FB4/Projekte/1996/CI/CI.html/ci-pagemill.html

corporate governor

Dicker Gouverneur. Verleiht jedes Jahr in Frankfurt on the mine den "Corporate Governance Award" in den folgenden vier Kategorien (categories): (i) Rights and Duties of Shareholders, (ii) Absence of Takeover Defences, (iii) Disclosure of Corporate Governance Practice und (iv) Board Structure.

Siehe auch "award".

corporate identity

Personalausweis für schlagende Verbindungen.

cotton

Beliebtes Rohmaterial für Damen- und Herrenober- und Unterbekleidung: "Wertvolle Markenunterwäsche aus Peru-Cotton, super gekämmt, weiches Elastik-Bündchen, exklusiv bei Strauss." Auch häufiger Nachname bei Privatdetektiven.

Siehe auch "men's wear" oder "women's wear".

countdown

Die Kunst des Rückwärtszählens. Die ersten countdowner bzw. downcounter waren die zehn kleinen Negerlein. Später wurde das downcounten auch von Astronauten zum Zeitvertreib vor Weltraumstarts betrieben.

counter

Fortentwicklung von Ladentheke oder Tresen: "An unseren Countern werden Sie von geschultem Personal prompt, gut und immer freundlich bedient."

Mit manchen Produkten ("over the counter products") werden die Kunden auch über den Tisch gezogen.

country

Da wo die besseren Leute wohnen (die Heimat der country clubs und country songs). Die nicht so guten Leute wohnen auf dem Land.

cover

Besonders stabiler Koffer (hardcover), im übertragenen Sinn auch Einband eines Buches.

cover girl

Das girl auf dem cover. Selber sehr oft ohne cover. Das girl unter dem cover ist dagegen gut gecovered, etwa um als undercover agent schmutzige Affären upzucovern bzw. zu upcovern bzw. zu coveruppen.

crack

Jemand, bei dem es öfters crackt. Cracker zerfallen in Screen Cracker, Schoko-Cracker, Tennis-Cracker, Computercracker und crackpots. Bei einem crackpot weiß man: Er hat einen in der Schüssel.

cradle seat

Eine von den British Airways erfundene Geheimwaffe gegen Knitter: "Im Cradle Seat kommen Sie auch nach einem langen Flug knitterfrei ans Ziel." (Anzeige in *Capital)*

Die von der deutschen Lufthansa (German Airhansel) erfundene Geheimwaffe gegen Sitzverschmutzung heißt auch toilet seat.

Siehe auch "lean back management".

crash

Absturz. Findet vorzugsweise an der Börse statt (Kurs-Crash, nicht zu verwechseln mit Crash-Kurs). Aber auch Autos (car crash) oder Bordellbettenbauer können crashen: "Beim 25 Millionen-Crash des Ulmer Bordellbettenbauers Kurt Kohls ..." (*Spiegel*)

crazy

Beliebter Vorname amerikanischer Indianer.

credit points

Kreditpunkte. Von Studenten in Vorlesungen und Übungen zu erwerben. Durch die Umbenennung soll den zahlreichen englischen und amerikanischen Studenten in Deutschland das Einleben erleichtert werden (im Gegenzug hat die Harvard Universität ihr credit point system in Kreditpunkt-System umbenannt).

Für die europaweite Vergleichbarkeit von credit points sorgt das European Credit Transfer System. An der Freien Universität Berlin (Berlin Free University) erhalten Studierende für eine Einführungsvorlesung mit Tutorium sechs (six) credit points, für eine Überblicksvorlesung vier (four) credit points, und für ein Kolloquium zwei (two) credit points. Pro Semester (term) braucht man 30 credit points, und wer als erster 180 credit points erreicht, wird bachelor.

crew

Deutsch für das englische Fremdwort team. Es gibt crews in Flugzeugen: "... wenn die Crew einer abfliegenden Maschine auf dem korrekten Leitstrahl ihre Position überprüft hat ...", auf Segeljachten: "Die USA bauen nach wie vor die besten Zwölf-Meter-Jachten ... und stellen nach wie vor die besten Crews" (*Welt*), und in den Redaktionen von Gourmet-Journalen: "... mit tüchtiger Crew auf klarem Kurs ..." (*Essen und Trinken*).

Der controller für die crew heißt crew controller (nicht zu verwechseln mit "screw-controller" = Irrenwärter). "Die abwechslungsreiche Tätigkeit im Schichtdienst als Crew-Controller/in umfaßt die Kontrolle und Überwachung des Creweinsatzes gemäß unseren Richtlinien. Darüber hinaus werden Sie vertretungsweise in der Creweinsatzplanung eingesetzt."

cross country

Die Heimat des red cross. Einlaß nur mit crosspack. Im cross country wird viel Ski gelaufen (cross country skiing), oder man löst an cross tables cross word puzzles.

crossover

Der Ort, wohin der Trend geht: "Der letzte Gig der Band zeigt einmal mehr, daß der Trend zum Crossover geht, diesem ausgeflippten Sound-Mix aus Heavy Metal und Rap, der seine Fans unter weißen Unterschichtkids hat und zunehmend in die Charts gelangt." (Zitiert nach D. Zimmer: *Deutsch und anders*, Reinbek 1996, S. 21.)

crosspack

Trendiger Rucksack für trendige trekker. Ein beliebter crosspack ist der Universal-bag aggressive, "trendiger crosspack für alle Freizeitaktivitäten vom Großstadtbummel bis zum Bungee-Jump". Der universal bag aggressive featured ein cross carrier system, eine money box, eine Trillerpfeife und ein netpocket für Trinkflasche und Zeitung etc. (aus der Mitgliederzeitschrift des Deutschen Jugendherbergswerks).

cruise missile

Gesprochen "Gruß Missail". Saloppe Kurzform für: "Sei gegrüßt, Rakete."

cultural contact point
Eine Einrichtung des Deutschen Kulturrates e.V. in Zusammenarbeit mit der Kulturpolitischen Gesellschaft e.V. zur Förderung von Events und Festivals in Germany.

Näheres auch unter http://www.kulturrat.de

cursor
Unflätige Person; jemand, der viel flucht.

customer
Der frühere "Kunde". Der neue Name drückt die wachsende Bedeutung dieser Teilnehmer am Wirtschaftsleben aus. Kunden sind Könige, aber customer sind kings!

cutter
Mittelgroßes Fischerboot. Gesteuert vom cutterer bzw. seiner Frau, der cutterin.

D

"Ab auf den Dancefloor in schrillen Disco-Outfits mit Glitter und Glamour oder im coolen Cowboy-Style – die verrückte Mode der 80er Jahre feiert ein furioses Fashion-Revival."

(Bravo 12/1998)

damp

(i) feucht; (ii) geistig zurückgeblieben, dumm.

Um beiden Bedeutungen gerecht zu werden, heißt das Ostseebad Damp so wie es heißt: z. B. kann man dort nicht richtig deutsch. "That's entertainment – stand up comedy show im Tanzlokal Starlight" (Titelseite der Damper Veranstaltungs (event)-Revue). Weitere highlights der Damper Woche: chart attack (Sonntag), hip-hop mit soul und funk-special (Montag), oldie-party (Dienstag), show-time (Mittwoch), rock-pop Schlagerparty (Donnerstag), friday night fever (friday night), und ladies' night mit Tagescocktail für alle ladies gratis (Samstag).

Und das auch noch zu Dumping-Preisen, Gottseidump!

dance

Fortentwicklung des Tanzens. Zerfällt in streetdancing, ballroom-dancing und dancefloor-dancing. Das dancefloor-dancing lebt von den dance hits der dancefloorbands, es dancen danceteams oder singles – da kennt die dancefloor-scene keine Vorurteile.

Ältere Formen des dancens sind der step-dance, der tap-dance, der step-tap-dance oder der table dance ("Table Dance im Reich der Mitte: Infos zum 'Chinese Business Program'").

Lit.: "Wohltorfs Tanzstation: Streetdance für Kids", *Der Reinbeker*, 20. 4. 1998.

danger

Sächsisch für eine bekannte Stadt im nördlichen Marokko.

dark side

Die Nebenwirkung übermäßigen Alkoholgenusses: "Welcome to the dark side of Eichbaum" (Werbung für Eichbaum Schwarzbier).

Die brighte Seite von Eichbaum heißt auch Pils. Der Gebildete sagt "Ein mushroom, please!"

dart

Altfranzösischer Vorname (Dart Agnon usw).

Siehe auch "alien".

date raping

Das Vergewaltigen des Datums. Ein date raper (nicht zu verwechseln mit dead rapper = dahingeschiedener Vertreter modernen rhythmischen Sprechgesangs) leidet unter zwanghafter Unpünktlichkeit.

Siehe auch "blind date".

day

Die 24-Stunden-Periode zwischen Mitternacht und Mitternacht. Umgangssprachlich oft auch nur die Zeit, während der die Sonne scheint (the sun shines). Besondere days sind der day, an dem sich die family trifft (family-day) oder der bad hair day ("Wenn Haare sich unmöglich benehmen und überhaupt nicht mehr gehorchen, nennen Profis das einen 'bad hair day'"). Weitere bekannte days sind der D-day, der earth day, der Mayday, der mothers day und der payday.

day trader

Ein Eintags-trader. "In den USA gibt es schätzungsweise 4000 bis 5000 Day-trader; manche von ihnen haben ihren regulären Beruf an den Nagel gehängt und sitzen nur noch vor ihrem Computer." (*Die Welt*). Andere day trader richten Blutbäder an oder lassen ein äußerst ungünstiges Licht auf die day trader Szene fallen: "Erst kürzlich war in den USA auf die Szene der Day Trader ein äußerst ungünstiges Licht gefallen, als der Anleger Mark Barton in Atlanta ein Blutbad anrichtete."

Siehe auch "trade".

deadline

Stillgelegte Telefonleitung. Reizt zum Stolpern, deshalb möglichst niemals überschreiten.

Siehe auch "time-frame".

dealer

Jemand, der dealt, wie Klein-Dealer, Groß-Dealer, Ober-Dealer, Spitzen-Dealer, Spealer-Dealer (Agenten für Fußballprofis), Uran-Dealer, Uralt-Dealer, Petroleum-Dealer, Sex-Dealer, Sex Dealerinnen ("Die Flensburger Sex-Dealerin Beate Uhse ..." – *Spiegel*) und Geld-Dealer ("Die Geld-Dealer an der Hauptpost von Tel Aviv, kenntlich am unrasierten Schmuddellook und den dicken Geldbündeln in den Taschen (pockets), müssen um ihre Zukunft (future) fürchten" – *Spiegel*).

Der Gegenstand des dealens ist der deal. Für seine Einhaltung bürgen Unbekannte nie mit mehr als der Ganovenehre: "Nie bürgt der Unbekannte mit mehr als seiner Ganovenehre für die Einhaltung des Deals." (*Spiegel*)

Lit: Stichwort "Dealer", in: Broder Carstensen: *Anglizismen-Wörterbuch*, Band 1, Berlin 1993.

department

Eine besonders abgeteilte Abteilung. Man unterscheidet state departments (Abteilungen zum Stehen), food departments (Abteilungen zum Essen) und Physik departments: "Die Münchner Volkshochschule hat nun die Initiative ergriffen. Mit Hilfe des Physik-Departments und fünf weiterer Institute der TH München gibt sie berufstätigen Absolventen von Hoch- und Fachschulen die Möglichkeit, ihr Wissen aufzufrischen." (*Die Welt*)

desert boots

Nachtisch-Stiefel; heute nur noch in besseren Häusern oder bei Männern mit Profil gebräuchlich: "Männer mit Profil tragen Clarks Original Desert Boots." (*Spiegel*)

Nicht zu verwechseln mit moon-boots = Nachttisch-Stiefel.

desktop

Wickelbluse für die Schreibtischarbeit.

dictionary

Diktiergerät. Leider erlauben die meisten dictionaries das Diktieren nur in maximal zwei Sprachen: German-English Dictionary. French-Kisuaheli Dictionary usw.

Der Besitzer eines dictionary ist der dictator.

die story

Todesgeschichte. Serie im Abendprogramm des ZDF. Die Story vom 23. 11. 2000 z.B. hieß: "Das Nikotin-Kartell – Ein Mann packt aus." Weitere die stories handeln von Verkehrsunfällen oder Krankenhäusern.

dimmer

Ein Gerät zum dimmen: "Da wird Licht gerichtet und geflutet, in Decken und Wände integriert; Licht wird gerechnet, programmiert und ferngesteuert und in 100 Helligkeitsstufen gedimmt." (*Spiegel*)

dinner

Eine lästige Pause zwischen drinks: "Bevor man zum Dinner ging, traf man sich bei ... Bekannten auf einen Drink" (*Bunte*). "Die Drinks nach dem Dinner waren gereicht, da brachte Helmut Schmidt ... das Thema zur Sprache." (*Spiegel*).

Lit: Stichwort "Dinner", in: Broder Carstensen: *Anglizismen-Wörterbuch*, Band 1, Berlin 1993.

directory

Toilette für höhere Angestellte.

display

Der Intelligenztest für Computer-user. Auf die Frage des Betriebslinguisten Reiner Pogarell "Was ist ein display?"antworteten zwölf Benutzer (user):

1. Weiß ich nicht. (Literaturwissenschaftler)
2. Das da? Weiß ich nicht! (Sekretärin)
3. Ich glaube Anzeigenfeld oder so ähnlich. (Student)
4. Anzeigenfeld, ich sage da Anzeigenfeld zu. (Sekretärin)
5. Sichtfeld, ja Sichtfeld. (Sekretärin)
6. Sichtfeld, aber ich glaube, das heißt auch noch anders. (Linguist)

8. Das da? Dis-dis …, ach, ich weiß auch nicht. (Sekretärin)
9. Ich glaube Display. (Student)
10. Display. (Psychologe)
11. Das da? Das Sichtfeld? Das heißt Display. (Linguist)
12. Ich glaube Anzeigenfeld oder so ähnlich. (Sekretärin)

Vielleicht sollten die Hersteller (producer) deutlich an das Display schreiben: Dies ist ein Display!

Lit.: R. Pogarell, "Der deutsche Purismus; aktuelle anwendungsbezogene Fragestellungen", in: J. Darski und Z. Vetulani (Hrsg.): *Sprache – Kommunikation – Informatik*, Tübingen 1993, S. 94–102.

discussant

Jemand, der discusst (Diskus wirft). Der aktuelle Weltrekordler im discussen ist Jürgen Schult mit nicht weniger als 74 Metern.

dog food

Bildet mit dem cat food und dem fish food das sog. pet food. Dog food ist für dogs, cat food ist für cats, und fish food ist für Leute, die nicht gerne Schweine- oder Rindfleisch essen. Fish food gibt es vor allem in der Nordsee (north sea) fish food Kette (chain).

Siehe auch "non food department" und "take away food".

doggurt

Sicherheitsgurt für dogs. Nicht zu verwechseln mit yoghurt (dickflüssiges Milchgetränk) und Do-Kurt (Kurt aus Dortmund). "Bei einem Autocrash mit 60 Stundenkilometern bekommt ein 25 Kilogramm schwerer Hund, wird er ungebremst nach vorne katapultiert, das Gewicht eines ausgewachsenen Elefanten ... Der Doggurt ... bietet indes noch einen weiteren Vorteil ..." (*Mainzer Allgemeine Zeitung*)

Lit.: Stichwort "dog", in: A. Probst: *Amideutsch*, Frankfurt 1988.

do it yourself

Liebe an und für sich; besonders in Ländern ohne entwickelte Sexualkultur verbreitet: "Do-it-yourself ist en vogue auf den britischen Inseln wie nie zuvor, erfinderische Leute entwickeln ständig neue Techniken zum Selbermachen." (*Zeit*)

domain

Domäne (Weingut). Chateau Lafitte z. B. ist ein top level domain, Kelsterbacher Klosterbrühe dagegen ist ein sublevel domain.

Virtuelle domains heißen auch internet domains. Die Zentrale der deutschen internet domains ist das "Deutsche Network Information Center" in Frankfurt on the mine.

domain grabbing

Feindliche Übernahme von domains. Kann durchaus auch einmal in die Hose gehen: "Ein Zuviel beim Angebot würde die Nachfrage senken: Kein Geschäft mehr für Domain-Grabber." (*Frankfurter Allgemeine Zeitung*)

don't drink and drive

Eine lobenswertes joint venture verschiedener Länderministerien und der German police, um das nächtliche Randalieren auf Golfplätzen zu bekämpfen.

Siehe auch "drive".

doorman

Tormann. Kann, aber muß nicht Fußball (football) spielen. Doormänner passen auf Gebäude auf und werden vor allem in der neuen Bundeshauptstadt häufiger gesehen. "Der für allerlei Unwägbarkeiten prädestinierte öffentliche Raum, das haben die Berliner Wohnungsbaugesellschaften nun wiederentdeckt, bedarf einer 'guten Seele'. Zu Kaisers Zeiten und in den 'goldenen Zwanzigern' war das gewöhnlich die vollbusige Urberlinerin mit den legendären Haaren auf den Zähnen und dem Schlüsselbund an der ausladenden Hüfte. Heute ist der Schreck aller Sprayer, Randalierer und zwielichtigen Figuren im Halbschummer in Berlin ein uniformbewehrtes Wesen, das ruhig und bestimmt seine Bahnen durch die nicht selten zum rechtsfreien Raum umfunktionierten Flure und umliegenden Wege zieht."

Trotz seines Namens ist der doorman wie der dressman und der stuntman aber ein waschechter germanman.

Lit.: "Mädchen für alles," *MieterMagazin* 7+8 / 1998.

double

Doppelt soviel wie ein single: "Matthes schafft erneut das Double."

Siehe auch "single".

down
Die Kehrseite von up – was upgeloaded worden ist, muß auch wieder downgeloaded werden. Und so sicher wie das Amen in der Kirche wird jeder upsizer auch wieder downgesized.

downshifting
Das Rückschalten vom 3. in den 2. Gang. Hat kaum etwas mit ideologischen Konzepten und Genußverzicht zu tun. "Im Unterschied zur Aussteigerwelle in den 70er Jahren geht es beim Downshifting aber nicht um ideologische Konzepte oder Genußverzicht."
Lit.: Stichwort "Downshifting", in: Matthias Horx: *Trendbrowser '99*, Bonn 1999.

dream
Gesprochen "triehm". Ein besonders schöner, intensiver Traum. Das gemeinsame Träumen findet heute meist in dream-teams statt.

dress code
Nirgends kodifiziertes, aber trotzdem anerkanntes Regelwerk zum dressen. Wer im smoking zum barbecuen kommt, ist overdressed. Shorts zur Beerdigung des Papstes dagegen steht für underdressing, und ein Kleid aus Yoghurt-Bechern steht für yoghurt-dressing.

drinks

Besonders wohlschmeckende Getränke. Drinks zerfallen in soft drinks und hard drinks. Soft drinks sind coke und mineral water, hard drinks sind short drinks (Kurze) und long drinks (Lange). Jemand, der lange short drinks drinkt, wird leicht zum drinker.

drive

Das, was man braucht, um in die europäische Spitzenklasse vorzudringen: "Vor allem mit weiten ... drives drang er ... in die europäische Spitzenklasse vor." (*Spiegel*) Aber auch Verkaufsleiter, Jazzer, Sportler oder Sachen brauchen drive: "Nach Ponto hat die ganze Sache wieder Drive gekriegt." (*Spiegel*)

Der Verursacher eines drives ist der driver. Ein Schnellimbiß für driver heißt drive-in (nicht zu verwechseln mit drive out = Betätigung eines Exorzisten).

Lit: Stichwort "Drive", in: Broder Carstensen: *Anglizismen-Wörterbuch*, Band 1, Berlin 1993.

drop-out

Modernes Jugendhobby: "Die jungen Leute droppen out, sie suchen und suchen." (*Zeit*) Solche Leute heißen kurz auch drops.

dummy

Kleines Dummerchen. Muß zur Strafe mit dem Auto gegen Mauern fahren. "Auf einem originalgetreuen 'Trabant'-Sitz hat jede Testperson die Möglichkeit, angeschnallt selbst einmal die Rolle des sogenannten Dummy ... zu übernehmen." (*Neues Deutschland*)

Zwei dummys sind ein dummo, und ein nicht angeschnallter dummy wird beim Aufprall zum dum-dum-Geschoß.

duty-free

Ein Beamter nach Dienstschluß (off duty). Ein duty-free shop ist nur außerhalb der Arbeitszeiten zu betreten.

E

"Es heißt immer wieder, Clayderman habe einen 'easy-listening'-Sound kreiert, wobei 'easy listening' offenbar mit 'easy playing' verwechselt wird."

(Frankfurter Allgemeine Zeitung)

early

Das Gegenteil von lately. "Wer etwa bei der Aktienplanung im Rahmen der Early-Order-Phase ... T-Aktien zeichnet, kommt als Anleger in den Genuß der vollen Kaufanreize."

Siehe auch "latecomer".

Lit.: "It's T-Time again", Geld gut anlegen – Anlageberatung ihrer Sparkasse", Broschüre ohne Ort und Jahr.

early bird

Früher Vogel. Die earliesten birds, die Dinosaurier, konnten teilweise auch fliegen.

early retirement

Das frühe Zurückziehen (retirieren). Ging man als junger Spund nie vor Mitternacht ins Bett, retired man mit zunehmendem Alter oft schon nach den Tagesthemen.

ease of use

Das was bei Druckern (printern) und Kopierern (copiern) immer im Vordergrund stehen sollte.

Lit.: "Ease of use im Vordergrund", *Mensch und Büro* 3 / 1999.

easy

Zentrale Eigenschaft des easy-living Tarifs der innovativen RWE (Rhinish-Westfalian Electricityworks; Motto: "One group, multi utilities") mit paybacksystem für treue customers, egal ob private oder business.

Nicht zu verwechseln mit easy dieing Tarif, einem Sonderangebot der deutschen Totengräber (funeral master).

easy room

Das neue Zimmer-Reservierungssystem des Hannover Congress Centrums: "Wirtschaftsdezernent Michael Karoff erwartet, daß das HCC durch das 'Easy Room'-Geschäft mittelfristig so viel Geld einnimmt, daß die Stadt keine Defizite mehr ausgleichen muß."

Lit.: "Rat setzt auf 'Easy Room'", *Hannoversche Allgemeine Zeitung*, 16. 7. 1999.

easy trade

Ein sensationelles Angebot der Deutschen Postbank (poustbänk): "Wenn es um interessante chancenorientierte Neu-Emissionen geht, sind Sie mit Postbank (poustbänk) easytrade ganz vorn dabei." Das war eine Botschaft (message) der Deutschen Post-World Net-mail-express-logistics-finance AG.

eat art

Die Kunst des guten Essens; vor allem unter Fotografen weit verbreitet: "Der 53jährige Hamburger zählt zu jener Creme von Food-Fotografen, die aus einer Erbse Eat Art machen können." (*Stern*)

Nicht zu verwechseln mit eat artig = traditionelle Ermahnung an bundesdeutschen Mittagstischen.

Siehe auch "art" und "restart".

Lit.: Stichwort "Eat-Art", in: Broder Carstensen: *Anglizismen-Wörterbuch*, Band 1, Berlin 1993.

eat to win

Ein Appell des Deutschen Sportbundes und des Instituts für Sporternährung e.V.: "Richtig fit – eat to win."

eat to win

Die nächsten Plätze bei der Auswahl des Mottos für diese dringend nötige Kampagne belegten "Esser sind besser" und "Sei keine Memme, schlemme."

Außerdem im Angebot: eat to win-Zwischenmahlzeiten für Sport, Beruf und Freizeit oder eat to win-Frühstück – Der Start in einen erfolgreichen Tag.

Verantwortlich für das Projekt: Institut für Sporternährung e.V. Bad Nauheim, http://www.isonline.de

e-commerce

Elektrogroß- und Einzelhandel. Wird zunehmend auch von branchenfremden wie der Deutschen Bank ("e-commerce is our trade") oder der VIAG Intercom betrieben. "Gegenwärtig setzt eine sechsköpfige Projektgruppe ein Konzept (concept?) für eine umfangreiche E-Commerce-Site im Internet um." (*views – Das VIAG Intercom Magazin zur Telekommunikation)*

Leider zeigen individuelle e-customer am e-commerce bislang nur wenig Interesse; aber im business-to-business Bereich sind die e-commercer schon sehr busy.

Siehe auch "e-shop".

Lit.: M. Dowling und M. Bachmann: "Strategien für Electronic Commerce im Business-to-Business Bereich", *Bayerischer Monatsspiegel* 1/1999.

editorial

Ein ermutigendes Beispiel für modernen, völkerverbindenden Kulturaustausch: Um das Zusammenwachsen Europas auch sprachlich auszudrücken, heißen die Editorials in englischen Zeitungen ab dem 1. 1. 2001 "Leitartikel", und die Leitartikel in deutschen Zeitungen "editorial".

education competence center

Eine tolle Idee der Firma Apple. In technology-news-roadshows stellt sie der German academic community news aus allen Bereichen der higher education vor. Näheres bei Andreas de Tartaglia, Key Account Manager Education Süd (South), Hanauer Str. 42, 80992 München (Munich).

e-mail

Gesprochen i-mel. Eine i-mel besteht aus dem header, dem body und attachments. Um eine i-mel zu mehlen, braucht man einen Internet-Anschluß und eine i-mel Adresse. Eine i-mel Adresse besteht aus der user-id, dem server, der top level domain und einem service-Rechner. Von dort wird dann das Internet accessed.

Der Herr der i-mels ist der Emil.

Lit.: J. Abel: *Cyber Slang – Die Sprache des Internet von A bis Z*, München 1999.

emerging markets

Auftauchende Märkte. Vor allem nach Überschwemmungen in Südostasien häufig anzutreffen.

empowerment

Ein Seminar für “brain, body and soul” der Firma contract team, Riefstahlstr. 6, 76007 Karlsruhe (Tel. 0721–854021). “Vor dem anstehenden Winter noch einmal in der archaischen Landschaft des nördlichen Ardèches Wärme tanken, Pause machen und Kraft schöpfen. Hierzu lädt unser Outdoorseminar ‘Empowerment’ ein. Informationen auf den Seiten 28 und 29.”

Im Winter gibt es das Indoorseminar “Empowderment – Babies pudern leicht gemacht”.

Siehe auch “gender mainstreaming”.

engineer

Präzisere Benennung für den doch recht mißverständlichen deutschen "Ingenieur". Engineers zerfallen in automation support engineers, automotive engineers, industrial engineers, research engineers, resident engineers, verification engineers und senior verification engineers (aus dem FAZ-Stellenmarkt vom 5. 12. 1998).

Siehe auch "manager" und "specialists".

engineering

Die notwendige Vorstufe des re-engineering.

Siehe auch "engineer".

entertainment

Die Tätigkeit des entertainers (nicht zu verwechseln mit undertaker = Leichenbestatter). "Auf die theoretische Frage, was sie sich vom Fernsehen im Idealfall erwarten, antworten 75 Prozent mit dem Wort entertainment." (*Süddeutsche Zeitung*)

entrepreneurship

Essentieller Baustein für den Erfolg im Corporate Finance: "Entrepreneurship ist ein essentieller Baustein für den Erfolg im Corporate Finance." (Klaus-Ulrich Berding, Prokurist Corporate Finance Research, Dresdner Kleinwort Benson, Frankfurt)

environment

Kurz und knapp für das umständliche deutsche "Umwelt".

equipment

Das, zu dessen Transport ein Truck genügt: "Keine gigantische Verstärker-Anlage, keine riesigen Scheinwerfer-Türme, zum Transport des Equipments genügt ein Truck." (*Bravo*)

Lit: Stichwort "equipment", in: Broder Carstensen: *Anglizismen-Wörterbuch*, Band 1, Berlin 1993.

e-shop

Nach city-calls und German calls eine weitere tolle Erfindung der German Telekom: Die Telekom-Formel für den e-commerce: Die "Shop&Mall Systems von T-Mart" mit "Full Service vom Consulting bis zur Implementierung", ersatzweise auch mit "Hosting und Design der Website" bieten individuelle e-shop Lösungen (solutions) für jedermann (everybody): Rufen sie freecall 0800 33 0800.

Nicht zu verwechseln mit b-shop = leitender Angestellter einer Kirchengemeinde.

Siehe auch "e-commerce".

essentials

Die wirklich wesentlichen unter den wesentlichen Dingen. "Das Unverzichtbare, nicht weiter Verhandelbare unter den Wesentlichkeiten bilden die Essentials. Das Unverzichtbare unter den Essentials aber bilden die wesentlichen Essentials."

Siehe auch "basics".

Lit.: Stichwort "Essentials" in R. Kaehlbrandt: *Deutsch für Eliten*, Stuttgart 1999.

establishment

Das, was established ist. Zum establishment gehören establishte Politiker, aber auch establishte Künstler, Intellektuelle oder Kirchenmänner: "Fast gleichzeitig hat der weltbekannte Dr. Martin Niemöller ... das sogenannte Establishment der Kirche vor allen revolutionären Eingriffen verteidigt." (*Mittelbayrische Zeitung*)

Lit.: Broder Carstensen: *Anglizismen-Wörterbuch*, Band 1, Stichwort "Establishment", Berlin 1993.

event

Ersetzt die Wörter Ereignis, Vorfall, Vorgang, Zwischenfall, Angelegenheit, Feier, Fest, Begebnis, Begebenheit, Geschehen, Geschehnis, Abenteuer und erhöht damit die Effizienz des Sprachverkehrs beträchtlich.

evidence based medicine

Bedeutet "Medizin, die wirklich etwas nützt". Leider verstehen das aber die vielen englischen und amerikanischen Doktoren nicht, die in Deutschland für die stationäre und ambulante Versorgung zugelassen sind.

evolution trader

Eine revolutionäre Börsen-Software der Bnotec Software GmbH, Friedrich Ebert Str. 1–10, 51429 Bergisch-Gladbach. Arbeitet nach verläßlichen Angaben des evolution trader teams hervorragend mit Produkten wie MarketMaker, TaiPan, MetaStock, WinChart und WorldMoney zusammen. Man braucht nur noch seine Kontonummer anzugeben und sich um nichts mehr sonst zu kümmern – sobald das Geld weg ist, bekommt man automatisch eine neue Rechnung.

exit

Kurz für exitus.

eyewear

Eierware. "S. Oliver Eyewear – unser Komplett-Angebot zum Super-Sparpreis: DM 279,–."

Etwas teuer nur für einen kleinen Eierwärmer?

F

"War der Ausbruch ein Failure? Alles Fake? Falsch gesehen?"

(aus dem Roman Die Börsenhändler *von Matthias Riecher)*

facility manager

Der frühere Hausmeister; verdient als facility manager jetzt auch nicht mehr als vorher, ist damit aber wenigstens verbal mit Schrempp und Co. auf gleicher Stufe.

Wann folgen endlich die anderen Berufe? Bauern (earth manager), Totengräber (peace manager), Lehrer (IQ-manager), Schiffschaukelbremser (event manager) usw?

Vorsicht empfehlen wir dagegen bei man-manager (Manager bei MAN; Verwechslung möglich mit Mahnmanager = Gerichtsvollzieher), P.P.-manager = Klofrau, man-ager (Mann über 30) oder Jürgen von Manager (deutscher Komiker und Humorist).

Die wichtigste Aufgabe der facility manager ist das facility management, bestehend aus outsourcing, controlling, performance-contracting und service level supervising. Im "Computer Aided Facility Management der Zukunft" herrscht full service mit user satisfaction, total facility solutions und der Integration von (integration of) design and construction. Sein oder design, oder, in den Worten von Dr. Eberhard

Sasse, Vorstandsvorsitzender der GEFMA (German Facility Management Association): revolution oder evolution?

Lit.: "Neue Wege im Facility Management," Prospekt der Firma Euroforum (www.euroforum.com).

fact

Ein besonders harter Fakt. "Der Journalist stützt seine Berichte auf facts" (*Die Zeit*), der normale Schreiber ist dagegen schon mit Tatsachen zufrieden.

Ein Buch voller facts ist ein fact book. Die facts im jährlichen fact book der Deutschen Börse AG betreffen performances, mergers und initial public offerings. Aber auch kleinere facts (facetten) wie promotions oder trading volume sind in fact-books aufzufinden.

Lit.: *Fact Book 1995 – Zahlen zur Deutschen Börse*, Broschüre der Deutschen Börse AG, Frankfurt 1996.

factoring

Moderne Form der Abrechnung: "Lipke und Lipke GbR – Beratungs- und Factoringinstitut für medizinische und zahnmedizinische Heilberufe. Mit uns haben Sie bei der Abrechnung die Nase vorn."

Bei der herkömmlichen Art der Abrechnung dagegen haben viele Unternehmen die Nase hinten.

Siehe auch "billing".

factory outlet center

Fabrikverkauf. Hier werden ganze Fabriken rausgelassen. Nichts für Kleinverdiener.

Neben den normalen factory outlet centern (FOCs)

gibt es noch premium factory outlet center (premium FOCs) und space parks, eigene factory outlet center für Spatzen.

Lit.: "Qualität vor Quantität – Premium Factory Outlet Center in Europa," *Cimadirekt* 3 / 1998.

factory show

Fabrikbesichtigung. "Beliebt in USA – Neu in Germany" (Aus einem Prospekt der SB Polstermöbelhallen, Hauptstr. 13, 31719 Wiedensahl): "Polstermöbel-Zelt-Aktionsverkauf".

failure

Vornehm für "fake".

family

Neue Form der sozialen Organisation. Ersetzt die leicht veraltete Familie. Zur family gehören außer Mom, Dad und den kids auch der family-car, der family-doc, der family-dog, der family-butcher und der family-fun-factor.

Die bekanntesten families sind die Royal family und Ernsting's family: Ernsting's family ist ein shop speziell für families, hier gibt es men's wear, women's wear und babies' wear zu family-freundlichen Preisen (prices). Nachteil: deutsche families sind bei Ernsting's family nicht zugelassen.

fan

Tragbares oder ortsfestes Gerät zur Verbesserung der Luftzirkulation (Fächer); werden gern zum Fußballspielen mitgenommen und in ärmeren Ländern oft aus alten Socken hergestellt (soccer fans).

Fans sind nicht ungefährlich: "Wenn er (Frank Sinatra) sich außerhalb des Theaters sehen ließ, wurde er von den Fans fast zerrissen." (*Tagespost*)

Lit: Broder Carstensen: *Anglizismen-Wörterbuch*, Band 2, Stichwort "Fan", Berlin 1994.

farmer

Unterentwickelter, in einer Stein- oder Lehmhütte hausender Bauer: "Die Einwohner von Dschogiana, einem typischen Garhwal-Dorf aus Stein- und Lehmhütten, hat das Schicksal der Zwangsumsiedlung schon ereilt. Die früheren Farmer hausen nun in einer neuen Siedlung gleichen Namens." (*Spiegel*)

Lit.: Stichwort "farmer" in A. Probst: *Amideutsch*, Frankfurt 1988.

fashion victim

Das Gemeinsame bei Madonna und Elfriede Jelinek. "Was sie nie verriet: Sie ist ein Fashion-Victim." (*Vogue* 1/1991 über fashion victim Elfriede Jelinek) "Mode-Vorbild oder Fashion-Victim?" (*Elle* 2/1991 über fashion-victim Madonna)

fat

Besonders fattes fat wie in low-fat food und high-fat food. Vorsicht vor allem bei high-fat food wie Butter (butter), Mettwurst oder Eisbein (Ice-bein): dieses food macht einen nicht nur (not only) immer fatter, es ist auch high in cholesterol und deshalb dangerous: vor allem strokes befallen fatte Menschen häufiger als nicht so fatte.

Siehe auch "stroke unit".

feature

Gesprochen "viehtscher". Bedeutet (i) Eigenschaft ("Alle multimedia features werden in Zukunft über einen einzigen Chip ablaufen."), (ii) längerer Artikel in der Zeitung ("Er hat ein feature über Pompidou geschrieben") und (iii) Dokumentarbericht im Fernsehen ("Das ZDF-Feature 'Die Bedrohung' besann sich nach den anfänglichen Anleihen beim Reality-TV auf guten Journalismus").

Fernseh-Features zerfallen in 50-Minuten-Features, 60-Minuten-Features und 90-Minuten-Features. Die meisten 90-Minuten-Features sind Reise-Features oder Problem-Features (problem features).

Auch als Zeitwort ist featuren zu gebrauchen: "Featuring Dolly Parton als Mutter Theresa" oder "Diese Schlagzeile muß noch aufgefeatured werden".

fee

Geisterhaftes Märchenwesen. Feen zerfallen in feste Feen (fixed fees), Servierfeen (service fees) und busenlose Feen (flat fees).

Ein fee for service dagegen ist eine Dame des horizontalen Gewerbes.

feedback

Das, was auch Chefs brauchen: "Auch Chefs brauchen Feedback." (*Texten + Schreiben*) Beim feedback geschieht das Füttern mittels Zäpfchen von der Hinterseite.

feeling

Besonders zarte Gemütsregung. Nicht zu verwechseln mit reeling oder peeling: "Ich hatte vom feeling her ein gutes Gefühl" (Fußballer Andreas Möller). "Er hat ein Feeling und Gespür für soziale Themen" (Ministerpräsident Erwin Teufel über seinen Sozialminister Friedhelm Repnik). "Fernsehheld Bill Cosby singt Soul. Er tut es mit Feeling und Knalleffekt." (*Hörzu*)

Auch Golfer haben feelings: "Wer das notwendige Selbstbewußtsein aufbringt, wird ... sich immer durchsetzen können, wobei in diesem Zusammenhang dann vom 'winning feeling' gesprochen wird." (*Frankfurter Rundschau*)

Wichtig ist das feeling auch in Spielkasinos: "Heftig rauchend wartet er alsdann auf 'den Anruf', eine Art innere Stimme, die ihm zu einem verfeinerten Feeling verhelfen soll." (Der *Spiegel* über einen Spielkasino-Kunden)

Auch gewisse Wochentage, Jahreszeiten oder Wäschestücke haben ihre feelings: "weekend feelings" (Zott Sahnejoghurt), "springtime feelings" (Werbebeilage Peek & Cloppenburg), "summer feeling mit Jeans" (Otto-Katalog), "casual feelings" (Karstadt Unterhosen) usw.

festivals

Zerfallen in Ballett-Festivals, Bier-Festivals, Chanson-Festivals, Film-Festivals, Kurzfilm-Festivals, Jazz-Festivals, Literatur-Festivals, Motorrad-Festivals, Open-air-Festivals, Closed-air Festivals, Pop-Festivals, Rock-Festivals, Theater-Festivals, Schlager-Festivals, Schläger-Festivals und Sound Foundation Festivals ("Songs of Goethe and Nietzsche" – ein Song Contest der VW-Stiftung (foundation) zur Feier des 250. Geburtstages von Goethe 1999).

Auf Festivals herrscht Festival-Atmosphäre. Das Festival-Publikum genießt die Festival-Beiträge und gießt sich feste einen hinter die Binde (behind the sanitary towel).

Manche Festivals rollen auch nur einfach ab: "Ein Festival der Freaks und Punks rollt ab, mit den obligaten Diva-Parodien der Transvestiten und Transsexuellen, mit Vampiren, Valentin-Nachfahrern, blutlüsternen Boten aus der Leder-Szene und einem Marilyn-Remake." (*Spiegel*)

Lit.: Broder Carstensen: *Anglizismen-Wörterbuch*, Band 2, Stichwort "Festival", Berlin 1994.

fifty-fifty

(i) Halbzeitstand beim Basketball, (ii) die Zahl 50 für Stotterer, (iii) die Zahl 55. Diese Unsicherheit führt oft zu Ehekrisen: "Seit das reformierte Scheidungsrecht gilt, ist bei der Trennung der Ehegatten fifty-fifty die Regel." (*Spiegel*)

fighten

Gesprochen "faiten". Das tägliche Brot der faiter. "Ein Dutzend Boxer wollen für Mohammed fighten." (*Haller Kreisblatt*)

Auch Musiker können fighten: "Mit dem Feuer einer fightenden Newcomer-Band präsentierte Davies sein Bündel neuer Songs." (*Spiegel*)

Weibliche faiter heißen faiterinnen. "Brigitte Bardot, die prominenteste Fighterin für den Tierschutz ..." (*Spiegel*)

file

Metallsäge. Aber auch Brücken haben zuweilen file filer.

fine seating

Ein anderes Wort für Jori-Sitzkomfort. Aus dem Prospekt "The art of fine seating": "Dieses exklusive 'Zwei in eins'-Modell erfüllt die verschiedensten Wünsche. Ob in der offenen, dynamischen Position mit abgeklappten Armlehnen oder in der intimen, gemütlichen Stellung mit hochstehender Armlehne, der JR-2700 bietet immer den unvergleichlichen Jori-Sitzkomfort."

Lit.: http://www.jori.com.

fingerfood

Finger zum Essen. Nur unter Kannibalen zugelassen.

Siehe auch "sheriff fingers".

finish
Staatsangehörigkeit der Finnen. Das Paßfoto eines Finnen heißt auch Fotofinish.

first come – first served
Alte Tennisregel: Wer zuerst kommt, darf zuerst aufschlagen.

first glass
Gegensatz zu second glass. "Neu und einzigartig in Friedrichsfeld: Drei Gründe für den Brillenkauf bei Berndt's Augenblicke: 1. First Glass Garantie, 2. First Glass Brillenversicherung, 3. First Glass Brillenfinanzierung."
Lit.: Friedrichsfelder – Wochenblatt für den Stadtteil Mannheim-Friedrichsfeld und das Gebiet Neu-Edingen, 15. 5. 1998.

first lady
Schutzpatronin der Dachdecker.

fit
Epileptischer Anfall. Zerfällt in slim fit (leichter Anfall), loose fit (loser Anfall) und regular fit (regelmäßiger Anfall). Nicht überall ist man gegen Menschen mit fits so aufgeschlossen wie in Hongkong: "Ladies may have a fit upstairs" (Plakat vor einer Schneiderwerkstatt).

fit kidzz

"Der besondere Ausdruck für 'Aerobic für Kinder'... Ist geeignet, das allgemeine Wohlbefinden von Körper und Seele sowie Ausdauer in Freizeit und Sport zu steigern."

Lit.: Kursangebot "Fit Kidzz" der Kreisvolkshochschule Hannover, Programm 1999 (Leitung Aysa Horata, Mineralwasser und Turnschuhe sind mitzubringen).

fixer

Skrupelloser Börsenhändler, besonders fix beim fixing: "Die Polizei hat es aufgegeben, die Fixer festzunehmen." (*Stern*)

Nicht zu verwechseln mit wixer.

flagship stores

Offizieller Name der Jil-Sander-Läden in der Bundesrepublik. Jil Sander flagship stores verkaufen neben der bekannten Jil Sander women's wear (bodies, blazers und coordinates) auch die Jil Sander Sun fragrance "Summer inside you" und diverse (various) andere (other) accessories.

flakes

Besonders knusprige Haferflocken, wie in Kellog's Fruit 'n' Fibre Flakes (Vollwertflakes mit fruit und nuts).

Siehe auch "cereals".

flat rate

Flache Ratte. Wird häufig Wettbewerben angeboten: "... daß die Regulierungsbehörde für Telekommunikation und Post jetzt die Telekom verpflichtet, Wettbewerbern ein Flatrate anzubieten." (*Welt*).

flip charts

Jemand, dem man seine Termine überlassen kann: "Überlassen Sie ihre Termine den Flip-Charts von planmaster." (Anzeige im *Spiegel*)

flippen

Das tägliche Brot der Flippies: "Eingehüllt in Räucherkerzenschwaden, grell geschminkt und bunt verkleidet ... agieren Freaks und Flippies." (*Welt*)

floppen

Völlig analog: Das tägliche Brot der Floppies.

flow

Die neue Obi-Handbrause mit quick clean system für automatische Entkalkung (gesprochen "Floh"). Andere Flöhe sind der Work-Floh, der Cash-Floh (der Chef des Work-Flohs) und der Katzenfloh.

Am Samstagmorgen sind die flows auf flowmärkten zu finden.
Lit.: www.obi.de

flower power

Das neue Motto des deutschen Bäckereigewerbes. Weniger gut: "Sie zahlen – wir mahlen" oder "Backe backe Himbeercake".

flyer

Jemand, der fliegt. Ein Überflieger heißt auch overflyer. Der erste overflyer des Atlantiks war angeblich Charles Lindbergh.

Siehe auch "high flyer".

folk

Das, was bei Regen im Saal stattfindet: "Bei Regen findet folk im Saale statt." (*Spiegel*)

Das wichtigste Produkt des folk (gesprochen fouk) sind die fouk-songs und die fouk-mjusik. Eine typische fouk-band besteht aus fiddlern und zumindest einem foukalist.

food

Futter. Food zerfällt in bio-food, brain-food, city-food, convenience food, fast-food, finger-food, fun-food, functional food, health food, gourmet-food, junk food und slow food. Bio-food sind z. B. hafer-cookies, rice crispies, long beans, kidney beans und nuts. Auch brain food besteht größtenteils aus nuts. Convenience food ist alles food, das convenient ist, wie übriggebliebene Bratkartoffeln oder Semmelknödel. Fast food ist das gleiche wie junk food oder city-food; es besteht aus hamburgers, hot dogs, chips, sticks, winner tacos, donuts oder chicken wings. Fun food sind fruit loops, frosties, choco crispies, muffins, sweets und smacks. Functional food ist Haferkleie oder Wellness-Brot. Health food überlappt sich mit functional food, meint aber auch noch bagels, tuna salad, baked potatoes, southern cornbread und brown rice. Finger food ist fast das gleiche wie gourmet food und slow food und besteht aus Lammröllchen mit Basilikum und Gemüseragout.

Siehe auch "talking food" oder "non-food".

footwear

Neutdeutsch für "shoes". Footwear gibt es im footwear department. Nicht zu verwechseln mit feierwear (Abendgarderobe) und firewear (Schutzanzug zur Brandbekämpfung).

foto shooting

Moderne Jahrmarktsbelustigung: Für eine Mark pro Schuß darf man auf Fotos bekannter Leute schießen. Soll nach Psychologenmeinung helfen, Aggressionen abzubauen.

forecast

Besonders gewagte Vorhersage: "Die hoffnungsvollen Forecasts, die die Kollegen früher gemacht haben, waren, mit Verlaub gesagt, reine Schönfärberei." (*Männer Vogue*)

forward

SPD-Mitgliederzeitschrift. Ist im Parteibeitrag enthalten und wird wöchentlich an alle Genossen geforwarded bzw. forgewarded.

frankfurt

The city of the Euro, gateway to Germany and home of the Frankfurter. Bietet im Goethe-Jahr spezielle "Frankfurt Packages" für eilige "Tour Operators und Professional Congress Organizers" – Motto: We lick the ass of everybody.

Lit.: "Destination Frankfurt – Die Stadt hinter der Skyline," in http://www.frankfurt.de

freak

Der geborene Feind und Gegenpol des Spießers. Freaks zerfallen in Auto-Freaks, Bücher-Freaks, Computerfreaks, Health-Freaks, Jesus-Freaks, Motorrad-Freaks, Öko-Freaks, Opern-Freaks, Snowboard-Freaks, Tennis-Freaks, Video-Freaks, Vitamin-Freaks und Wagner- Freaks. Hitler z. B. war ein Wagner-Freak. "Hitler, der Teppichbeißer, der Hundefreund, der Wagner-Freak, der Kuchenfresser – kein Klischee wird gescheut." (*Spiegel*)

Besonders freakige, ausgefreakte Freaks dürfen auch im Zirkus auftreten: "Er zeigt vergreiste Clowns und Scharen von Freaks." (*Spiegel*)

Siehe auch "gear freak".

Lit.: Broder Carstensen: *Anglizismen-Wörterbuch*, Band 2, Berlin 1994 (Stichwort "Freak").

freecall

Freigespräch. Nicht zu verwechseln mit free coal (= Billigbriketts für Bergarbeiter; wird oft von des Englischen nicht ganz mächtigen Zeitgenossen als eine Aufforderung zur Befreiung unseres alten Bundeskanzlers mißverstanden).

freerider

Jemand, der free rided, vor allem durch exzellente Powder-Hänge und Couloirs: "Surfen Sie als Freerider und Soul-Boarder durch exzellente Powder-Hänge und Couloirs." (aus dem Urlauber-Prospekt *Berner Oberland*)

freestyle

Die Domäne der Freestyler, der neuen hochtrainierten Leistungssportler: "Nicht mehr die Hippies der Anfangsjahre beherrschen die Freestyler-Szene, sondern hochtrainierte Leistungssportler." (*Spiegel*)

fresh

Aufmüpfiges, unverschämtes Deo-Spray: "Gammon Fresh Feeling gibt es als After Shave Eau de Toilette, erfrischendes Duschgel oder als langanhaltendes Deodorant."

Bei Credo gibt es Deo-Spray auch noch in den Duftnoten herb und apart (aber Vorsicht bei apart: die Dose könnte auseinanderfallen).

frontrunning
Ziel aller 100-Meter-Läufer. Können dann von dem Preisgeld Aktien kaufen und Innenseiter werden. "Immerhin erinnern die Vorwürfe an Praktiken jener Frontrunner, die Aktien kaufen, sie in den Medien hochpreisen und nach dem Kursanstieg wieder abstoßen – und damit betrügerische Insidergeschäfte begehen." (*Welt*)

full service
Vollständiges Kaffeeservice für Neukunden der Techniker-Krankenkasse: "eine, die immer Full-Service bietet".

full-time
Zweimal soviel wie half-time.

fully
(i) vollgefedertes Fahrrad (bike), (ii) betrunkener Matrose.

Nicht zu verwechseln mit volley.

fun
Das, was alle haben, die bei TUI ihren Urlaub buchen. "Free World! Viel Fun, feel free!"

Dazu kommt jede Menge Strandaction mit bodypainting, crazy poolgames oder einem Flirt am Power Tower, nightlife mit candlelight dinners und open air discos, workouts mit cross-country running, climbing, canyoning, caving, speedskating oder downhill biking, oder excursions mit off-road safaris oder boogie boarding an der north shore.

Aber das tollste am TUI-holiday ist natürlich das relaxing, ob an der beach oder eher peacefully in der countryside, und hinterher paella aus der funne (aus dem TUI-Katalog Sommer 99; näheres unter http://www.freeworld.de).

fund

Beim fund-Büro abzuliefernder Gegenstand. Der Leiter des fund-Büros ist der fund manager.

funeral master

Totengräber. "Am 6. Dezember 2000 erhielten die ersten Funeralmaster ... ein Zertifikat über ihre berufliche Qualifizierung" (aus einer Pressemitteilung des Bundesverbandes des deutschen Bestattungsgewerbes, Vollmerswerther Str. 79, 40221 Düsseldorf, Tel. 0211-16600810). "Zweiunddreißig männliche und weibliche Funeralmaster haben sich in diesem Jahr einer fordernden und umfangreichen weiterführenden Ausbildung unterzogen, um eine den Meisterberufen im Handwerk entsprechenden Ausbildungsstufe zu erklimmen."

Näheres auf der nächsten "Eternity" (der jährlichen Fachmesse des bundesdeutschen Bestattungsgewerbes).

fun-handys

Die neuen Handys (FunPhones) für Kids. "E-Plus machte jetzt den Anfang und bietet ein spezielles Kid-Handy im Paket mit einer Guthabenkarte an. Am Kid-

Handy genügt ein Druck auf eine von sechs Tasten, um programmierte Nummern anzurufen ... Und der spezielle Kid-tarif ist dann besonders billig, wenn der Nachwuchs aus der Schule kommt."

Als nächstes geplant sind O-Handys (Omas Handys, besonders billig, wenn der Nachwuchs nicht mehr aus der Schule kommt) und No Handys (besonders billig, ohne jede Zeit- und Ortsbegrenzung).

Lit.: "Handy für den Schulranzen," *TV Today* 9/1999.

future! NOW!

Toller neuer Wahlspruch der Jugendabteilung des Bistums Limburg: In der Einladung für den Diözesan-Jugendtag in Hofheim wird diese Devise näher ausgeführt: "Freier Eintritt für events, future pool, bandsession, workshop, mix-party, ..., spirit act (eine Show-Einlage des holy spirit; WK), open air gottesdienst."

Lit.: "Future! NOW! für Jugendliche im Bistum Limburg", Leserbrief von Hubert Hecker in der FAZ vom 3. 9. 1999.

future kids

Die kids der future. Werden von der Computerschulkette "Futurekids und Schule" mit 60 "Futurekid-Centern" im gesamten Bundesgebiet für die future fit gemacht (gefittet).

Daneben unterscheidet man noch die kids der Vergangenheit (pasta kids) sowie die kidneys (kinderlose Kids) und kidnapper (Kinder, die in einen langen Schlaf verfallen).

fuzzy

(i) Beliebter Kosename für leitende Angestelle aus der Werbebranche, (ii) Beiwort zur Beschreibung unscharfer Algorithmen in Logik und Statistik (dann aber "fassie" ausgesprochen, wie in "Faß sie, Benno").

Lit.: H. Dichtl: *Zur Prognose des Deutschen Aktienindex DAX mit Hilfe von Neuro-Fuzzy-Systemen*, Frankfurt 1995.

G

"Global Head of Technical Analysis and Behavioural Finance"

(Offizieller Titel des obersten Dollarhändlers der Deutschen Bank in Frankfurt)

games
Spiele (bread and games). Zerfallen in die olympic games und die computer games. Die olympic games heißen auch olympics. Bei den olympics streiten Olympier um olympische Medaillen (medals). Dagegen steht bei den computer games der fun im Mittelpunkt. Bekannte computer games sind Ridge Racer Revolution, Adidas Power Soccer, Lone Soldier, Lion King, Alien Trilogy, Mickey Mouse, Nevada Police, Ecco the Dolphin und Earth Worm Jim (aus der Werbung "Games and Toys for Girls and Boys" der Karstadt AG).

gatebuffet
Eine weitere tolle Erfindung der Deutschen Lufthansa (Pardon: German Airhansel). Hier werden Passagiere schon vor dem Abflug abgefüttert, dann bekleckern sie im Flieger nicht die Sitze.

Ebenfalls neu: "Mit dem stand-by one-way upgrade voucher kann das ticket beim check-in-counter aufgewertet werden."

gear freak

Ein outdoor consultant, der sich besonders für Rucksäcke und Wanderschuhe interessiert. "Till Gottbrath ist Outdoor Consultant und beschreibt sich selbst als 'Gear Freak' (Ausrüstungsspezialist)." (*outdoors*)

Besonders freakige gear freaks schlafen mit ihren Schuhen und kommen in psychiatrische Behandlung.

gender mainstreaming

Ein zentraler Punkt im europäischen Aktionsprogramm 1996–2000. Aus einer Rede unserer niedersächsischen Sozialministerin Heidi Alm-Merk (gesprochen Elm-Möög): "Auf der 4. Weltfrauenkonferenz 1995 wurde die Strategie des Gender Mainstreaming ... unterstützt. Diverse Länder haben darauf Einzelpläne für Gender Mainstreaming verabschiedet. In den letzten Jahren wurde das Gender Mainstreaming ... im dritten mittelfristigen Aktionsprogramm der Gemeinschaft zu Chancengleichheit von Frauen und Männern (1991–1995) erwähnt und ist ein zentraler Punkt im Aktionsprogramm 1996–2000."

Für das Aktionsprogramm 2001–2005 ist dann das Gender Nebenstreaming vorgesehen.

Siehe auch "mainstream".

ghostwriter

Die Urform des Erlkönigs: "Wer writet so spät durch Nacht und Wind ..."

girl

Das Magazin für girls: "Girl! ist das Magazin für girls. Denn Girl! bringt alles, was junge Damen interessiert."

Neben jungen Damen (Girl!-girls) unterscheidet man noch Ruf-Damen (call girls) sowie glamour girls, playgirls, pin-up girls, party girls und sehr junge girls (göhrlies = junge Göhren).

Siehe auch "go-go girl".

Lit.: "Girls just want to have fun", *Schlecker-Revue – die Zeitschrift für alle Schlecker-Kunden* 8 / 1999.

giving story

Das Leben der Jil Sander: "Mein Leben ist eine giving story. Ich habe verstanden, daß man contemporary sein muß, das future Denken haben muß. Meine Idee war, die hand-taylored Geschichte mit neuen Technologien zu verbinden. Und für den Erfolg war mein coordinated concept entscheidend, die Idee, daß man viele Teile einer collection miteinander combinen kann. Und die audience hat das alles von Anfang an auch supportet. Der problembewußte Mensch von heute kann diese Sachen, diese refined Qualitäten mit spirit eben auch appreciaten."

Eine Pauer-Frau, ohne allen Zweifel. Möge der spirit sie nie verlassen und die audience sie auch weiterhin supporten!

Lit.: "Die Modenschau" in *FAZ-Magazin* vom 22. 3. 1996.

global player

Globalspieler. Globalspieler haben etwas zu sagen. Herr Schrempp von Daimler-Bence ist ein Globalspieler. Auch Herr Breuer von der Deutschen Bank ist ein Globalspieler, oder würde gerne einer sein.

Die Dorint AG mit ihren "budget hotels" dagegen ist erst "Auf dem Weg zum Global Player" (Motto der Hauptversammlung 1998). Dafür bringt sie acht ihrer first class business Häuser in prime locations in ein joint venture mit der Interconti-Gruppe ein.

Das Aufwärmen (upwarming) der global player vor dem global playing heißt auch global warming.

Lit.: Hauptversammlungsbericht der Dorint AG vom 30. Juni 1998.

global village

Die Heimat der global player. Im global village führt man global calls und nutzt die global telecommunication services des globalen world wide web.

Der globale Lerngestörte im globalen village ist der world wide depp.

goalgetter

Jemand, der viele goals gettet. "Beim zweiten Tor wollte Fuchsbichler besonders glänzen und aus seiner Robinsonade wurde eine halbes Eigengoal." (*Die Presse*)

go-go girl

Freundin eines Kleinwagenfahrers.

guide

Der Führer. Anders als früher ("Ein Volk, ein Reich, ein Guido") gibt es heute viele Führer: Auto-Guides, Gourmet-Guides, Spar-Guides ("Jetzt haben Sie Anschluß in alle Welt: mit dem Sparguide von Air Canada"), travel-guides, TV-guides, investorguides, auch Hunde-Guides: "Für die über eine halbe Million Hundebesitzer, die jedes Jahr mit ihren Tieren auf Reisen gehen, hat der Hamburger Intertours Reiseführerverlag jetzt einen speziellen guide auf den Markt gebracht." (*Spiegel*)

guts

Gegenteil von bads. "It takes guts to say Jesus!" (members.tripod.de/uluzz/)

H

"Letzte Chance für alle Koch- und Blind-Date-Begeisterten: Wer die Anmeldung zu 'Run for Dinner' – dem Südkurier Gag-Event am Donnerstag, 19. November – bisher verpaßt hat, kann sich noch heute ... dazu anmelden."

(Aus dem Konstanzer Südkurier)

hair

Der Gegenstand der hair care. ("Nivea Hair Care bringt Power in die Frisur"). Nicht zu verwechseln mit "heir" (die korrekte Anrede für Männer ohne akademischen oder Adelstitel: Heir Meier, Heir Müller usw.).

hairdresser

Deutsch für das französische "Frisör". Bei einem hairdresser wird das hair aber nicht nur gecuttet, es wird auch shampood, gewashed, gecoulored und gestylt!

half life

Das "Computer Game of the Year", der "hit unter den ego-shootern". Mit verbesserter Graphik-Engine, neuen skins, levels und maps – einer der coolsten competitors in einem notorisch harten business!

Lit.: "Der Info-Game-Check – Half-Life ganz neu als Game-of-the-Year-Edition", *Info*, 23. 6. 1999.

half-time
Pause beim soccer. Zur half-time erhalten die player dringend nötige refreshments. Falls nach der half-time keine goals mehr fallen, ist der half-time score zugleich auch schon der final score.

Siehe auch "full-time".

handeln
Das gewerbsmäßige Kaufen und Verkaufen von Gütern und Dienstleistungen.

Das handeln mit Babys heißt auch baby-handling: "Wie Eltern die Entwicklung ihres Säuglings unterstützen können, zeigt der Nachmittagskurs 'Babyhandling'."

handout
Etwas, das ausgehändigt wird. Wenn man z. B. einen Paß beantragt, erhält man das Dokument nach rund drei Wochen geouthanded bzw. outgehanded.

handicap
Mütze für Mobiltelephone.

hangover
Etwas, das überhängt oder die Sicht versperrt: "Er setzt sich halt mit einem hangover ... ans Steuer und übersieht bestenfalls ein paar Blinkzeichen, schlimmstenfalls einen Lastwagen." (*ADAC Motorwelt*)

Auch Bundestagsmandate hangen oft verdächtig over.

hanse sail

Mecklenburgisch-vorpommersch für "Kann man bei Ihnen ein Segelboot mieten?" Zum Üben der ungewohnten englischen Aussprache treffen sich die Segelfreunde aus den neuen Bundesländern jedes Jahr in Rostock zum gemeinsamen Üben: "Sie wird ein Fest der Superlative – die neunte Rostocker Hanse Sail: 180 Groß- und Kleinsegler aus aller Welt und etwa anderthalb Millionen Gäste erwarten die Veranstalter zu dem diesjährigen Seglertreffen an der Ostsee." (*Welt*)

happening

Altdeutsch für event: "Auf einem Happening geschieht vieles, ereignet sich Kolossales." (*Sprachdienst*)

Leider ist das happening heute ausgestorben, genauso wie sein Veranstalter, der happenist: "Rowohlt unterhält Presse- und andere Papiertiger mit einem Happening seines Haus-Happenisten Vostell." (*Spiegel*)

happiness

Das Ergebnis eines happy endings.

happy ending

Die Steigerung von happy end. "Marion Hoffmann lehnt ihren Oberkörper vorsichtig über den Kartondeckel, ihren Hände streicheln die braune Pappe. 'Es ist doch nur zu eurem besten.' Die Stimme der Bürokauffrau klingt zärtlich. Es sind Minuten des Abschieds und der Beginn eines happy endings."

Denn Marion Hoffmann hat eine zwölfschnabelige Stockentenfamilie unter großer Anteilnahme der lokalen Presse eingefangen, kartoniert und zurück an einen nahen See verbracht, von wo sie dem Büro der Bürokauffrau ein paar Tage vorher zugelaufen waren.

Lit.: "Besorgte Firma läßt Entenfamilie umsiedeln – Autoverkehr gefährdet Wanderung zum See", *Hannoversche Allgemeine Zeitung* vom 14. 5. 1999.

happy hour

Die tägliche Ausgehzeit für Haustiere: "Während Frauchen nach dem Shopping zur Happy Hour am Tresen hockt, kann ihr Hund derweil an der 'Doggy-Bar' Wasser schlabbern und Hundecracker knabbern." (*Spiegel*)

Deshalb heißt die happy hour heute oft auch chappi hour.

Lit: Broder Carstensen: *Anglizismen-Wörterbuch*, Band 2, Stichwort "Happy Hour", Berlin 1994.

hard

Die weiche (softere) Form von hart. Disks z. B. sind nicht hart, sondern hard. Ein hardcover ist eine mittelsteife Bettdecke, eine hardcopy eine Kopie auf 120-Gramm Papier, ein hardcore das Innere einer Ananas, eine hardware das, was man in einem hardwarestore bekommt, und ein hard-rocker (nicht zu verwechseln mit haar-drockner) ist jemand, der nicht ganz so harte Steine rockt.

Ein hardliner dagegen ist ein wirklich harter Betonkopf. Ein reicher hardliner heißt auch Luxusliner.

hard cover

Hartkoffer. Ersetzen zunehmend die traditionellen leather cover.

headbanger

Das, was Marius Müller(Miller)-Westernhagen nicht wollte: "Ich wollte keine Headbanger-Rockshow" (Aus dem Interview im *Focus*).

headhunter

Kannibalenstamm aus Neuguinea; vereinzelte Vertreter sind als blinde Passagiere auf Bananendampfern bis nach Deutschland vorgedrungen, wo sie vor allem Spitzenmanagern der Industrie auflauern. "Welche Headhunter in der Bundesrepublik tätig sind, wie sie arbeiten und was sie verdienen, ist im neuen manager magazin nachzulesen." (*Spiegel*)

headline

Haaransatz. Bei Schimpansen ist die headline eher tiefer, bei Nobelpreisträgern höher.

headquarter

Das quarter für den head. Ersetzt in deutschen Firmen zunehmend die Chefetage. "Das Büro von Erwin Bach wurde erst seit kurzem auf Wunsch seines Besitzers neu gestylt ... Ein bißchen Marke modisch-gepflegtes Büromöbelhaus, jedoch mit Headquarter-Atmosphäre." (*Männer-Vogue*)

headset

Pudelmütze. Auch für Handys: "Headsets für jeden Anwendungsbereich. Egal ob für Handy, Home, Office oder PC Anwendungen. Wir haben das richtige Headset für Sie. Ach USB Headsets!!! Keine Soundkarte erforderlich!" (Internet-Werbung)

health farm
Eine besonders gesunde farm; ein health farmer mit seiner healthigen farmerin hälts vor health kaum aus.

Siehe auch "beauty farm".

hearing
Einer der sieben Sinne. Nicht zu verwechseln mit earring.

heavy
Wichtige Eigenschaft moderner Popmusik: "Es ist Rock mit Tiefgang, meistens heavy, manchmal weniger heavy." (*Welt*) Auch gewisse Metalle wie Blei (heavy metal) oder unangenehme Pflichten (heavy duty) sind zuweilen ganz schön heavy.

hedging
Moderne Art der Heckenpflege. Heute hedgen hedger neben straight hedges auch short-hedges, cross-hedges oder long-hedges. Darunter leidet oft die hedge-ratio.

helicopter
Längst überfälliger Ersatz für das flache und nichtssagende Kunstwort "Hubschrauber".

hidden champions

Neuer Ehrentitel für kleine und mittlere Unternehmen im Bundesland Hessen: "Gesucht wurden Firmen, die durch die Entwicklung innovativer Produkte in Nischenmärkten zu 'heimlichen Weltmarktführern' geworden sind."

Der hidden champion 1999 ist die Omicron Vacuumphysik GmbH in Taunusstein.

Nicht zu verwechseln mit hidden champignon = schmackhafter, aber schwer zu findender Speisepilz.

Lit.: "Von kleinen Orten aus den Weltmarkt erobert – hessische Unternehmen als 'Hidden Champions' ausgezeichnet", *Frankfurter Allgemeine Zeitung*, 3. 8. 1999.

high end

Das hohe Ende. "Scenic Mobile 710 – Das High-End-Multimedia-Notebook" (*Siemens Werbung*). "Dieses Multimedia-Notebook hat auf Extrawunsch sogar ein abnehmbares Overhead-Präsentations-Display."

Personen, die sich für high-end Geräte interessieren, heißen high-ender (nicht zu verwechseln mit high-lander): "Fünfstellige Summen für einen einzigen dieser Superbausteine sind bei den High-Endern heute durchaus keine Seltenheit." (*FAZ*)

high-flyer

Hochflieger. Gefährlicher Beruf, denn sehr schnell wird aus einem Hochflieger ein Tiefflieger: "Intershop: High-Flyer im tiefen Fall" (*Consors News*).

Siehe auch "high potentials".

highlight

Hochlicht. Früher auch Glanzlicht, Schmuckstück, Prachtstück, Markstein, Gipfel, Zierde, Höhepunkt. Indem es Dutzende dieser Wörter überflüssig macht, verbessert "highlight" wie "event" und "shop" die Effizienz der deutschen Sprache ganz beträchtlich.

high noon

Flapsige Anrede für den 1. Sekretär der Hongkonger Gemüsemafia, Dr. Blum Kol Noon.

high potentials

Arbeitnehmer mit high potential. Ein high potential ist 23 Jahre, promoviert und deutscher Zehnkampfmeister.

Aus manchen high potentials werden high achievers. Die meisten high potentials achieven aber gar nichts (nothing) und enden dann als impotentials.

high-tech

Gegensatz zu low-tech. Eines der neuen Wörter, die der Zeitgenosse lernen muß, um die Welt zu verstehen: "Zu den neuen Wörtern, die der Zeitgenosse lernen muß, um die Welt zu verstehen, gehört das Wort High-Tech." (*FAZ*)

highway cops

Hochweg-Kopierer. Verfolgen nebenbei auch notorische Drängler auf Autobahnen.

Lit.: "Highway-Cops verfolgen auf NRW-Autobahnen notorische Drängler", *Aachener Nachrichten,* 7. 9. 1999.

hijacken

Ein beliebter Zeitvertreib unter hijackern: “Nach einem unsinnigen Zugriff auf der Autobahnraststätte Grundbergen bei Bremen, wo die Freundin der Bankräuber kurzzeitig festgenommen worden war, erschossen die Gangster den Italiener Emmanuele de Giorgi, 15, im gehijackten Bus.” (*Spiegel*)

Ein higejackter Bus dagegen ist ein Bus auf einem Wagenheber.

hiking

Abgeschwächte Form des trekking (noch abgeschwächter: “hitch hiking” = auf Kosten anderer Leute mit dem Auto fahren).

Hiker tragen Bäuche oder Regenschirme; Trekker tragen crosspacks, trekking boots und trekking socks. Meistens sind sie nach dem trekken ganz vertrekkt.

Siehe auch “trekking”.

himbeerkacke

Pardon – Himbeercake. Kann von Legasthenikern leicht falsch verstanden werden.

hold the line

Dringender Appell, das Telefonkabel nicht loszulassen.

home

Die Heimat der home-made, des home-trainers, der home-videos und des homebanking.

Der Bewohner eines homes ist der homer. Er arbeitet

in einem Kernkraftwerk und schreibt in seiner Freizeit epische Gedichte.

home hospitality

Heimgemütlichkeit. “Ich biete home hospitality für jüngere Tönissteiner und Mitglieder des Studentenforums” (Aus dem Fragebogen für Teilnehmer der 43. Tönissteiner Jahresgespräche, Haus der Deutschen Wirtschaft, Breite Straße 29, 10178 Berlin).

homepage

Neudeutsch für “Butler”.

honeymoon

Temporäres Liebesverhältnis zwischen bundesdeutschen Journalisten und DDR-Politikern: “Der Honeymoon zwischen DDR-Führung und bundesdeutschen Journalisten ging zu Ende.” (*Spiegel*)

hooligans

Leute, die auf den Rängen randalieren: “Skandalparty in Dresden – Hooligans randalierten auf den Rängen.” (*Flensburger Tageblatt*)

hopper ticket

Ein weiteres innovatives Produkt der innovativen German Rail AG: “Für sparsame 5 Mark kann man mit dem Hopper Ticket fahren, sooft man will.”

Nicht zu verwechseln mit dem hoppla ticket (= Erlaubnisschein zum Benutzen der Bahnhofstreppe auch im Dunkeln).

Lit.: "Hopper Ticket – Viel Sprünge für wenig Geld", Prospekt der Deutschen Bahn, ohne Ort und Jahr.

hopping

Zerfällt in Doctor-Hopping (beliebter Pausensport beim Deutschen Ärztetag), Hoppla-Hopping (zur Eile antreiben), Island-Hopping (hoppen auf Island), Kneipen-Hopping, Kunst-Hopping ("Der kunstbeflissene Mensch jettet und arbeitet nach dem Maximierungsprinzip, denn um mitreden zu können, muß man alles gesehen haben" (*Cosmo*)), Männer-Hopping und Szene-Hopping. Hopper heißen mit Vornamen Dennis und fahren gerne motorbike.

host

Beliebter deutscher Vorname: Host Ehmke, Host Mahler usw. Auch in Zusammensetzungen wie Fliegerhost gebräuchlich.

hot

Steigerung von heiß. Es gibt hotte linien, hotte pants und hotte Listen (bookmarks im browser als surfhilfen im internet), auch hotte spots und hotte wheels. Am hottesten von allen aber sind die hotten Totten.

hot dog

Beliebtes Gericht in traditionellen chinesischen Speiselokalen.

hotline

Eine heiße (hotte) Linie (s. o.). Daneben gibt es aber auch noch Pauerlinien, tote Linien, Infolinien, Pfeifenlinien, Guidolinien, Fridolinien oder Lebenslinien ("LifeLine Risk – ein intelligentes Produkt der Continentale Lebensversicherung").

Eine popeline dagegen ist keine popelige Linie, sondern ein direktes Telefon zum Papst.

human

Gesprochen "jumen". Wichtige Zutat zu touchen und relations: "Man will die Kultur hineinhaben und die Wirtschaft und das allgemeine Leben und den human touch" (*Zeit*); "Der Karrierefrau wird in naher Zukunft nur im Human Relations- und Kreativbereich eine Aufstiegschance eingeräumt." (*Spiegel*)

hype

Gesprochen "hüppe"; Frankfurter Dialekt für "springen".

I

"Der Bereich Integrity Services zählt seit dem 1. Januar 1999 zu den fünf Geschäftsbereichen des Core Services Financial Advisory Services."

(Aus Trends – Zeitschrift von KPMG Deutschland)

IBM

Gesprochen "ei-bie-emm". Der bundesdeutsche Ersatz-Kosmopolitenausweis. Wer hier "i-be-emm" sagt, ist bei der Aufnahmeprüfung für SAT1 und Telebörse durchgefallen.

Weitere musts für den teutonischen Neuweltbürger: El-ej, Ai-Kju oder oh-kej.

image

Das Objekt des image makers. Aktuell sehr preiswert: Fachidioten-Image, Samariter-Image und Verlierer-Image. Etwas teurer: Bilderbuch-Image oder Kultur-Image. Nur für Besserverdienende: Erfolgs-Image und Helden-Image.

imaging

Weiterentwicklung der Röntgentechnik ("medical imaging"). "Join the winning Team – Imaging & Röntgen" (aus einer Anzeige der Unternehmensberater Dr. Weber und Partner GmbH).

incentives

Indische Räucherstäbchen; werden gern von Einzelhändlern an besonders treue Kunden ausgegeben: "Für das Kaufverhalten müssen wir einfach mehr Incentives geben."

Selbst Großkonzerne wie die Deutsche Telekom sind sich nicht zu schade, ihre Aktionäre mit dergleichen Aufmerksamkeiten zu bedenken: "Altanlegern stehen die Incentives im Rahmen des Bezugsrechts ohnehin zu."

Incentives – die Rabattmarken des kommenden Jahrtausends?

Lit.: "It's T-Time again," Geld gut anlegen – Anlageberatung ihrer Sparkasse", Broschüre ohne Ort und Jahr.

indoor

Gegensatz zu outdoor: indoor colours, indoor fashion, indoor clothing.

Auch activities finden zunehmend indoor statt: indoor entertainment, indoor golfing (including putting greens, fairways, driving range und roughs) oder indoor racing: "Cross und quer durch die Ostseehalle – Endlauf der Indoor-Serie 87/88 findet am 30. Januar in Kiel statt." (*Flensburger Tageblatt*)

Lit.: "Nach dem Golfen auf die Skipiste", *Im Sauerland – Magazin für Touristen, Wirtschaft und Kultur*, März 1999.

infight
Besonders verbissener Nahkampf, oft mit einem knock-out endend: "Mit dem Meyers-Knockout endete ein Kampf, bei dem sich die beiden politischen Schwergewichte der CDU in Nordrhein-Westfalen einen erbitterten Infight geliefert hatten." (*Spiegel*)

inline-skating
Moderne Art des bodyshapings. Gliedert sich in den warmup, den workout, das cool-down und das stretching. Der workout wiederum zerfällt in fit skating, shape skating und den total body workout. Das shape skating läßt sich nochmals untergliedern in side steps, hill work, crunch, long glide, downy und swizzle ("Aufrechte Haltung, die Skates auseinanderdrücken und wieder zusammenziehen").

Inline Skater skaten auf speziellen inline skates: action skates für erfahrene skater, cool fit skates für sportliche skater und racing skates für speed skater.

inspirations
Das wichtigste Betriebskapital der Firma *Hartman Gartenmöbel GmbH* (Postfach 3151, 48581 Gronau); hier eine Auswahl ihrer zum Nachdenken anregenden Werbesprüche:

Let's enjoy the sunny side of life! (Entspannende Tätigkeiten und danach abkühlen).

Enjoy the country life! (Sie spüren den vollen Sommer mit sonnengereiften Zutaten).

The fine arts of summer (Mit einem künstlerischen Blick die Wirklichkeit filtern).

The perfect mix of design and comfort (Wo Sonne und Wasser sich leidenschaftlich umarmen).

Inspired by nature (Gutgestimmte Musen sorgen für neue Ideen).

instant

Das Gegenteil von kaputt: instant coffee = eine funktionierende Kaffeemaschine. Aurora Instant Mehl = morgens ist die Post noch in Ordnung. Pfanni Instant Kartoffelsuppe = in einer guten Pfanne kann man auch Kartoffelsuppe kochen usw.

interboot

Korrekt "interboat": Jährliche Wassersportausstellung in Friedrichshafen am Bodensee. Jetzt zusammen mit der inter-surf und inter-course.

Nicht zu verwechseln mit der inter-face (vierteljährliche Konferenz von plastischen Chirurgen in Rio de Janeiro).

international

Gesprochen "internäschennel". Etwas internationaler als international. Ein "International Geldautomat" z. B. ist internäschennel, ein internationales Musikfest ist nur international.

investment

Vermögensanlage für lifestyler: Leute mit lifestyle tätigen investments, andere legen nur ihre Ersparnisse an.

Siehe auch "margin".

investment banking

Das Einkassieren und Verwalten von investments. Eine Spezialität der Dresdner Kleinwort Benson, wie "Spitzenplätze in den League Tables" immer wieder zeigen.

Kein Wunder (no wonder), daß dieses winning team jetzt neue Leute sucht: "Unser Frankfurter Office, Teil des Global Corporate Finance, bietet Professionals mit mindestens drei Jahren Berufserfahrung ausgezeichnete Möglichkeiten (possibilities), ihr Know-how in den weiteren Ausbau unseres Corporate-Finance-Geschäftes einzubringen" (Anzeige in der *FAZ*). Gefordert werden ein guter track record im buy-side research oder als corporate financial analyst, Erfahrung in cross border deals, IPOs und secondaries und ein gewisses unabdingbares entrepreneurship, ohne das es im modernen investment banking einfach nicht mehr geht (allein schon, um going public-Kandidaten rechtzeitig zu erkennen oder um den customers gegenüber die due diligence zu wahren).

Sowohl equity professionals als auch advisory professionals sind zur Bewerbung aufgefordert. Näheres bei www.dresdner-bank.com.

investormeeting

Ein neues Angebot von investorworld für investormembers (neben dem investormagazin, dem investornet und vielen investorevents und investorproducts): "Nach den etablierten investorworld-Veranstaltungen haben sich bereits viele Members auf den von investorworld organisierten Member-Treffen kennengelernt. Da dies einigen zu wenig war, haben Sie jetzt die Möglichkeit, eigene Treffen zu organisieren. Sie müssen einfach nur einen Aufruf im investornet starten – in der

Rubrik investormeetings." (aus *investorworld together – das monatliche special der Anleger-Community investorworld*)

issue

Gesprochen Ischu. In Germany vor allem durch die SPD bekannt geworden: "Law and Order is a Labour Issue." (SPD-Wahlwerbung in Hamburg)

Issue ist eigentlich alles, "was irgendwie thematisiert werden kann, nämlich das Thema selbst, die Angelegenheit, der Sachverhalt, die Folgen des Sachverhalts oder dessen Folgenlosigkeit, das Problem oder dessen Lösung usw. Da klafft eine schreckliche Lücke im Deutschen, die dringend zu füllen wäre."

Lit.: Stichwort "issue", in: R. Kaehlbrandt, *Deutsch für Eliten*, Stuttgart 1999.

item

Wissenschaftlich für "Gegenstand" oder "Objekt". Fragebögen z. B. haben oft mehrere items. Auch Einkaufszettel, Inventarlisten von Fundbüros oder Minister nach verlorenen Wahlen auf der Suche nach den Gründen zeichnen sich durch viele items aus (es sei denn, sie sind außer item).

J

"Jumpen in der Bowl: Bis zu zwei Meter hoch fliegen die Cracks der Szene."

(Stern)

jackpot

Ein Opfer des großen Unbekannten: "Unbekannter jagt Jackpot am einarmigen Banditen." (*Westfälisches Volksblatt*)

Nicht zu verwechseln mit crackpot.

jazztime

Wenn im Sommer (summer) die Jazzer grooven (*Eurocity* 3/99). "Es geigt und swingt, es rockt und groovt" (gesprochen "gruhwt").

Daher auch "gruwties": Zu alt zum rappen oder raven, bleibt nur noch das gruhwen.

jet-set

Sammelbegriff für Leute, die viel in Jets sitzen. Dort kämpfen sie – nicht ohne Spuren – um das große Geld: "Der Kampf ums große Geld hat im Gesicht der Jet-Setterin Bianca Jagger seine Spuren hinterlassen." (*Bunte*)

Lit.: Stichwort "Jet-Setter", in: Broder Carstensen: *Anglizismen-Wörterbuch*, Band 2, Berlin 1994.

job-sharing
Eine humane Alternative zum job killing: Zwei jobber oder jobberinnen jobben half-time und sharen einen job.

jogging
Ein gelungener Kompromiß zwischen walking und running. Findet vorzugsweise in unseren Wäldern statt: "In unseren Wäldern wird derzeit immer mehr gejogged." (*Psychologie Heute*)

joint venture
Eine ewige Quellen von Mißverständnissen (clash of cultures) zwischen den modernen Business- und Jugendwelten: "Möchten Sie ein joint venture?" – "Nein, ich hatte heute schon mein Haschisch."

joke
Besonders gelungener Witz. Der Erzähler besonders gelungener Witze heißt auch jokey (bzw. disc-jokey bei Witzen in der Diskothek).

joyrobic
"Konditionstraining nach Musik und haltungsschulende Gymnasik zur Dehnung und Kräftigung mit wechselnden Geräteangeboten."
Lit.: Kursangebot "Joyrobic am Vormittag" der Kreisvolkshochschule Hannover.

joystick
Ein stick, der Freude macht. Wird aber zusehends durch den trackball abgelöst: "Besonderer Clou dieses Systems wird voraussichtlich ein Trackball sein, der den Joystick ablösen wird." (*Westfälisches Volksblatt*)

juice
Besonders saftiger Saft. Zerfällt in orange juice und tomato juice: "Rut Brandt wehrte den Russen-Schnaps ab. Sie wollte weiter an ihrer Orange-Juice nippen." (*Spiegel*)

jumpen
Eine Domäne der jumper. Geschieht heute meistenteils in half-pipes oder bowls.

Manche jumper fallen auch bequem-locker über den Rock und sind deshalb nicht nur bei älteren Damen sehr beliebt: "Der sportliche Chic der so bequem-lokker über den Rock fallenden Jumper erfreut sich nicht nur bei älteren Damen großer Beliebtheit." (*Neue Mode*)

junkie
Bekannter deutscher Schauspieler und Humorist. Neigt leider zum Konsum von Flüssigdrogen. "In Hamburg ist das Wohnheim für Asylbewerber in der Wandsbeker Kattunbleiche eine bevorzugte Adresse für die einheimischen Junkies." (*Spiegel*)

just for fun

Bargeldloser Zahlungsverkehr unter Homosexuellen: "Bei den Männern, die Männer lieben ohne Bezahlung, just for fun, kommt der eine rasch zum anderen. So addieren sich die partnerschaftlichen Intim-Kontakte zu beeindruckenden Zahlen." (*Spiegel*)

Justin Time

Der Erfinder des time frames und des timings. Verfing sich noch in seiner prime time auf tragische Weise in einer deadline und mußte einen long-time time-out nehmen. Heute völlig out of time.

Siehe auch "latecomer".

K

"Die Keyboards klingen wie Ouvertüren beliebiger US-Schniegel-Rock-Bands, das elektronische Drumset macht brav bui-bui, und alle zwei bis drei Songs gibt es trockenes Handclapping."

(Der Sonntag 18/1987)

key-accounter

Wichtiger Leistungsträger im big business; zuständig für das "key account management" der "key accounts".

"Key account management meint nur, daß ein Unternehmen wie HOCHTIEF" – schreibt die HOCHTIEF AG – "sein Geschäft optimal auf die Wünsche dieser Großkunden ausrichtet. Das heißt zum Beispiel konkret: Egal, wie groß und komplex ein Projekt ist, und wo immer der Kunde es bauen will: Er soll bei HOCHTIEF künftig nur noch einen festen Ansprechpartner haben. Die Devise: One face to the customer."

And another face to the Zulieferer: denn irgendwer muß die ganze Zeche (the whole pit) schließlich bezahlen.

Lit.: "Was sind Key Accounts?" *Die Baubude* (Betriebszeitschrift der Hochtief AG), 1999.

keyboard
Ein board für keys. In den meisten Häusern gleich neben der Haustür. Auch zum Krachmachen verwendbar.

kick
Das große Ziel der kicker, oft verbunden mit dem rushen: "In nur 19 Länderspielen gab Gascoigne den Briten ihr fußballerisches Selbstwertgefühl zurück, weil der die Tugenden des tumben, international verlachten Kick and Rush mit moderner Technik vereinte." (*Spiegel*)

Siehe auch "soccer".

kickboard
Roller. Wird anders als der Tretroller aber gekickt.

kicker
Die Ausführenden beim kicken. Müssen neben dem Kicken und Rushen aber auch an das Werftensterben und die Arbeitslosen denken: "Rehhagel hat mit seinen

Kickern auch über das Werften-Sterben gesprochen, das in Bremen immer mehr um sich greift, und über das Dilemma der Arbeitslosen." (*Spiegel*)

Minderjährige kicker heißen auch kickerikids.

kickback

Bremsvorrichtung beim Fahrrad (Rücktritt). Sind in vielen Lieferverträgen ausdrücklich verboten: "Der Iran zahlte Mondpreise an die Lieferanten, die wiederum den Preisaufschlag an Thyssen weiterreichten. Dabei hatte der Liefervertrag derlei Kickbacks ausdrücklich verboten." (*Spiegel*)

Nicht zu verwechseln mit kickbags (Handtaschen für kickerinnen).

king size

Der Gatte (husband) von Queen Size. Außerdem etymologisch verwandt mit dem Oberbürgermeister von Hong Kong (King Kong) und einem modernen Haushaltshelfer, der sich zusammenklappen läßt und auf vier Rädern läuft: "Auf ebenem Boden läuft der Roll-King, der sich auch zusammenklappen läßt, auf vier Rädern." (Anzeige in *Rundfunk und Fernsehen*)

Lit.: Stichwort "King", in: Broder Carstensen: *Anglizismen-Wörterbuch*, Band 2, Berlin 1994.

kit

Werkzeugkasten, Bausatz; etymologisch verwandt mit "Kittel"?

Zum Ausschluß von Mißverständnissen (kid? Kitt? keyed?) sagt man oft auch "tool kit". Ein tool kit für den service design heißt daher auch service design tool kit, und ein service design tool kit für advanced users heißt auch advanced service design tool kit: "Dabei handelt es sich um ein Programmiersystem, mit dem durch Nutzung von Elementarfunktionen neue Mehrwertdienste vom Telekomanwender (gemeint war wohl user; W.K.) verwirklicht werden können." (Aus der Broschüre *Information Technology News* von Siemens-Nixdorf: "Vereinte (United) Power für (for) Open Enterprise Computing").

kitchen aid

"Die Universal-Küchenmaschine – ein Muß für jede anspruchsvolle Küche" (aus der deutschen Zeitungswerbung). Nicht zu verwechseln mit kitchen aids = ungeplante Folge einer Begegnung der Hausfrau mit dem Stromableser.

kite surfing

Der neue Fun-Sport für mittlere Windstärken: "2–3 Windstärken – zuwenig fürs Surfen – zuviel fürs Wakeboarden – die Lösung: Kitesurfen!" (Aus dem newsboard der ersten Kitesurfing-Schule (school) an der Ostsee in 23769 Burg a. Fehmarn, Osterstr. 45). "Die erste Kitesurfing-Schule an der Ostsee bringt dich diesem neuen Mix aus Surfen und Kiten näher! Gleiten & Surfen schon ab 2–3 Windstärken! Aber auch bei viel Wind macht Kite Surfing richtig Spaß."

Siehe auch "rope skipping".

knock out

Häufiges Ergebnis eines knockdowns. Aber auch soziale knock-outs sind schon vorgekommen: "Denn Arbeitslosigkeit ist für die Kinder arbeitsloser Väter gleichbedeutend mit dem sozialen Knock-out." (*Spiegel*)

knowledge network

Ein Verein von Lexikonbesitzern. "Durch den Aufbau sogenannter 'Knowledge Networks' zu strategisch wichtigen Themen soll das in den einzelnen Bereichen vorhandene Wissen zu globalem Unternehmenswissen werden" (aus einer Fachzeitschrift für unternehmerische Führungskräfte). "Kern des Netzwerks sind die Key Members, ausgewiesene Experten auf dem betreffenden Fachgebiet. Zwei bis fünf der Key Members haben zusätzlich den Hut des Knowledge Managers auf."

Andere Key Members haben sogar die Krone des Knowledge Managers auf. Aber "Richtungsgeber eines jeden Netzwerks ist der Leader, ein Vertreter aus dem oberen Management, der sich persönlich bei Arbeitstreffen und Veranstaltungen (meetings und events) engagiert."

Lit.: "So machen es andere: Benchmarking", in *Dialog Intern – Informationen für Führungskräfte* 3 / 1998.

kohl bei kohl

Geschrieben call by call. Ein Angebot der modernen Telekommunikation: Für jeden Kohl kann man den jeweils besten Kohl-Provider wählen.

L

"Immer mehr kleine Labels arbeiten am Aufbau nationaler Acts."

(Max 4/1994)

label

Abladeplatz für Musikstücke, besonders die von Geigern: "Obwohl diesem ... Geiger das lupenreine Musizieren im menschenleeren Studio gegen den Strich geht, hat er schon 50 Produktionen hinter sich und diese ... auf eine Vielzahl von Labels verteilt." (*Spiegel*)

Lit.: Stichwort "label", in: A. Probst: *Amideutsch*, Frankfurt 1988.

ladyshaver

Barbier für ladies. Ein ladyshaver, der mit dem Messer ausrutscht, heißt auch ladykiller.

lag

Rückstand, Verzögerung: "Auf der rechten Seite der Gleichung erscheint auch die dreimal gelaggte abhängige Variable."

Anders als Variable werden Briefmarken dagegen nicht gelagged, sondern geleckt.

land art

Das Dortmunder Kunst-event des Sommers (summers) 1999! Ein must für jeden land-raver: "Das besondere an der Land-ART im TechnologieZentrum ist, daß ganz unterschiedliche Kunstrichtungen im Spannungsfeld moderner Technologiethemen präsentiert werden – von Malerei, Lichtkunst (light art) und Möbeldesign über Skulpturen, Glas- und Textilkunst bis hin zu Airbrush." (Flugblatt "Land-ART '99", Technologie-Zentrum Dortmund, Sommer 1999).

Wer dieses Spannungsfeld moderner Technologiethemen nicht mehr aushält, wird vom land artst verartstet.

last-minute

Fachausdruck aus der Energiewirtschaft: Die tägliche Lastkurve (Nachfrage nach Strom in Abhängigkeit von der Tageszeit) zerfällt in Laststunden und Lastminuten; hier sind Lastminuten-Überraschungen nicht sehr gern gesehen.

latecomer

Jemand, der late comt. Vor allem im Fremdenverkehrsgewerbe sehr gefürchtet.

Siehe auch Newcomer.

law and order

Ein typischer deutscher labour issue: "law and order is a labour issue" (Wahlkampfspruch der Hamburger SPD bei der Bürgerschaftswahl 1997). Leider konnten die Hamburger damals noch nicht alle Englisch, und so hat die SPD die Wahl verloren.

layout
Kleine Geldanleihe unter Freunden: "Kannst du das mal für mich outlayen?"

Notorische Schnorrer heißen auch layouter, sie mischen überall kräftig mit: "Setzer, Layouter, Fotografen und Zeitungsausträger mischen kräftig mit." (*Stern*) Vor allem Werbegrafiker sind als layouter gefürchtet.

Lit.: Stichwort "Lay-Out", in: Broder Carstensen: *Anglizismen-Wörterbuch*, Band 2, Berlin 1994.

leader
Der Führer für die eher Linken. "Der zum Abschied entschlossene Leader der größten westlichen KP hatte Erfolg mit seinem Spielchen ..." (*Frankfurter Rundschau*)

Der größte Führer ist der maximo leader (F. Castro), und der größte Führer aller Zeiten ist der malat (maximo leader of all times).

lead-sänger
Lieder-Sänger. Tritt oft mit einem lead-Gitarristen auf und ist zugleich auch vocalist: "Auch Ringo ist als Leadsänger vertreten. Mit 'Boys' beweist er, daß er auch als Vokalist seinen Mann steht." (*Sächsisches Tageblatt*)

lean back management
Noch eine Erfindung der tollen deutschen Lufthansa (German Airhansel): "Lassen Sie sich auf Ihrem nächsten Europaflug mit Lufthansa in die breiten Business Class Sessel (chairs) sinken, schließen Sie die Augen, spüren sie die Benutzeroberfläche aus feinem Leder,

und Sie wissen intuitiv, wovon wir sprechen." (Anzeige in *Focus)*

Für die Economy-Class hat die Lufthansa das "lean forward management" erfunden: Wenn alle Passagiere kerzengerade in ihren Bänken sitzen, passen 50 % mehr Leute in den Flieger.

Siehe auch "cradle seat" und "gate buffet".

left gear

Linker Gang. Nicht immer einfach zu retracten, wie das folgende Gespräch zwischen einem Lufthansa (airhansel) Piloten und dem Boden zeigt: "Att HAJ bitte ruft uns auf HF 10069. Wir kriegen das left gear nicht retracted. Schlagen uns bis MUC durch. – ATTN LB PLS try recall to dest STR. In STR wäre für Gäste 310 für Weiterflug sofort verfügbar. – Hallo HAJ das mit STR geht nicht due to fuel. Wir versuchen es bis MUC."

Lit.: "Schlagen uns bis München durch" *FAZ*, 24. 7. 2000.

lemon

Rattenähnliches Nagetier; stürzt sich zuweilen herdenweise ins Wasser.

level
Frankfurter Dialekt für "Löffel". Der Hamburger beißt ins Gras, der Berliner verpißt sich, und der Frankfurter gibt den level ab.

leverage
Hebelwirkung: Man kommt mit 1000 Mark Vermögen an die Börse und geht mit 100000 Mark Verlust nach Hause.

life
Wichtige Bedingung für den lifestyle (ohne life kein drive). Zerfällt in daylife und nightlife. Das nightlife ist die Basis für das highlife. Das highlife besteht aus partying und partner hopping. Nach dem highlife folgt das afterlife. Die wichtigste Voraussetzung für das afterlife ist das end of life.

Siehe auch "nightlife".

lifestyle
Der style von Leuten mit life. Leute mit laifstail haben power, lesen books, werden auf events gesehen, enjoyen snowboarding und glacier-skiing und buchen für ihre holidays adventure tours mit kiting, canyoning, freeclimbing oder mountain biking.

Zunehmend sind aber auch Künstler in den Fußstapfen des Lifestyle anzutreffen: "In diese Fußstapfen der Individuierung, des persönlichen Lifestyle, der direkten Beziehung zur Offenbarung ... traten von da an auch viele Künstler." (*FAZ*)

life-cycle-costs

Die Kosten (costs) über den gesamten life-cycle. Werden beim Ankauf von Lose-Blatt-Sammlungen gerne übersehen: "Ob ein solches Geschäft sich lohnt oder nicht, erfordert vom Anbieter und Erwerber also eine Kalkulation der Life-Cycle-Costs. Sie hängen bei Loseblatt-Sammlungen natürlich nicht von der Technik ab, sondern von der Mindestlaufzeit des vereinbarten Vertrags."

Lit.: Rede von Heinrich von Pierer, Vorstandsvorsitzender der Siemens AG, auf dem Forum "Dienstleistungswirtschaft 2000" des Bundesministers für Wirtschaft, 6. Mai 1997.

life&run

Das Krankenhausinformationssystem von Siemens. "Das schlüsselfertige Vorsorgepaket R/3life&run hospital ist die integrierte IT-Lösung für Verwaltung, Patientenmanagement und Klinik. Siemens – medical solutions that help."

Mit "hit&run" sind dagegen die medical solutions von Siemens that do not help gemeint.

life sciences

Gegensatz zu dead sciences. Werden in Deutschland vor allem vom High-Chem-Konzern Hoechst AG betrieben. "Hoechst ist ein Verbund innovativer Unternehmen, die zu den weltweit führenden Anbietern auf den Gebieten Life Sciences und Industrie zählen."

Gemeinsam mit der Hessischen Landesregierung unterstützt Hoechst auch den "Hessen Venture Cup" zum Thema "Science 4 Life": "Sie haben eine Geschäftsidee im Bereich Life Sciences oder Chemie? Es gibt viel zu gewinnen – Machen Sie mit (make you with)!"

lifting
Zerfällt in shop-lifting, weight lifting und face lifting. Die shop-lifter erleichtern (liften) shops und treffen sich beim Bewährungshelfer, die weight lifter liften weights und treffen sich bei den weight lifting championships; die face lifter liften faces und treffen sich auf der interface.

Siehe auch “interboot”.

lights
Elektrolampen. Lights zerfallen in Deckenleuchten (highlights), Nachttischlampen (twilights) und Warndreiecke (dreilights). Aber Achtung: ein extra light ist kein Ersatzscheinwerfer, sondern eine Zigarette.

links
Das Gegenteil von rechts. Bevorzugte Laufrichtung im Internet.

limits
Etwas, das der moderne Mensch gerne breakt. “Break your limits” (Werbung für Duftwasser Old Spice). Limits zerfallen in Abgas-Limits, Alters-Limits, Kosten-Limits, PS-Limits, Spesen-Limits und Tempo-Limits. Ein besonders hartes limit heißt auch “das äußerste limit”.

lipstick
Stick für die lips. Ein must für jeden beauty case.

lob

Ehrenvolle Anerkennung für einen hohen Ball beim Tennis.

lobster

Ein besonders riesiger und frischer Hummer: "Der Lobster kommt riesig und frisch aus dem Meer." (*Frankfurter Rundschau-Magazin*)

In Holtmann's Restaurant (Am Bollwerk 21, 50667 Köln) gibt es sogar "Lobster all you can eat": Zur Begrüßung: 1 Glas Taittinger Champagner, dann marinierter Tafelspitz in Trüffelvinaigrette, dann Hauptgang: Lobster all you can eat, dann Erdbeer-Rhabarber (Rhubarb)-Schaum auf Vanillesauce, dann Espresso. Als Wein Chardonnay Louis Latour. Pro Person DM 79,96.

Aber solche highlights sind nur allzu selten, lobster haben in Deutschland einfach keine lobsty.

Lit.: Stichwort "lobster", in: A. Probst: *Amideutsch*, Frankfurt 1988.

local loop

Lokalschleife (früher "Polonaise"). Local loops werden besonders gern auf Betriebsausflügen von Telefongesellschaften zur Erprobung neuer Übertragungstechniken betrieben: "Die neue Telefongesellschaft Callino drängt mit neuer Übertragungstechnik in den Markt. Callino will als erster Anbieter die neue Local-Loop-Technik in Deutschland einsetzen." (*Welt*)

location
Ortslage, Ort, besonders auch der Ort, an dem man Fotos macht: Aber "jede Location ist auf jeden Fall alles andere als ein gewöhnlicher Ort, Platz oder Treffpunkt, wie sie der Alltagssprachler nennen würde. Superlative Originalität spielt in der Location die Rolle." (*Cosmo*)

Superlative Nicht-Alltagssprachler kennen auch noch andere locations: "... wo man sich zu Vernissagen trifft, um nachher noch andere Locations aufzusuchen."

loft
Eine offene Wohnung mit viel Luft (köstlich: Luft – offen – Loft). "Da ich in einem schönen Palazzo wohne, habe ich mich hier zu einer eher barocken Einrichtung inspirieren lassen. Würde ich in einem Loft wohnen – wer weiß." (*Elle*)

long
Besonders lang. Eine Stunde z. B. ist lang, aber 60 Minuten sind long! Auch women's wear ist häufig long: Long-Blusen, Long-Pantys, Long-Jacken, Long-Blazer usw.

long drink
Ein großgewachsener Alkoholiker.

long-line
Entlang der Linie (Ball beim Tennis). Empfehlenswert bei topspin, slice und drive. Volleys oder lobs dagegen schlägt man besser cross.

look

Der einst kreativste unter allen unseren Anglizismen. Erschaffen als “New Look” schon 1947. Heute leider ein Opfer seines eigenen Erfolges.

U. a. die folgenden looks konnten in Germany einmal bewundert, gekauft und weggeworfen werden: Adventure-Look, Al-Capone-Look, Anarcho-Look, Army-Look, Astro-Look, Baby-Look, Balkan-Look, Beduinen-Look, Biker-Look, Bob-Dylan-Look, Brutalo-Look, Bundfalten-Look, Business-Look, Campus-Look, Casual-Look, Che-Guevara-Look, Chinesen-Look, City-Look, Country-Look, Courrèges-Look, Cowboy-Look, Cruiser-Look, Dandy-Look, DDR-Look, DFB-Look, Diana-Look, Dreißiger-Jahre-Look, Dschungel-Look, Edel-Dschungel-Look, Elefanten-Look, Elvis-Look, Enten-Look, Eskimo-Look, Euro-Look, Exotik-Look, Familien-Look, Fashion-Look, Fetzen-Look, FKK-Look, Flohmarkt-Look, Freizeit-Look, Frühlings-Look, Funbike-Look, Gammel-Look, Gandhi-Look, Geisha-Look, Girlie-Look, Gorbi-Look, Granny-Look, Gruftie-Look, Guerilla-Look, Gypsy-Look, Harley-Look, Heavy-Metal-Look, High-Tech-Look, Hippie-Look, Hosen-Look, Ibiza-Look, Irokesen-Look, James-Dean-Look, Jeans-Look, Juso-Look, Karate-Look, Kimono-Look, Kleopatra-Look, Knallfrosch-Look, Knitter-Look, Knuddel-Look, Kuh-Look, Kutscher-Look, Landfrauen-Look, Leoparden-Look, Löwen-Look, Lord-Nelson-Look, Mao-Look, Marlen-Look, Matrosen-Look, Mauer-Look, Mozart-Look, Nazi-Look, New-Wave-Look, Norbert-Blüm-Look, Nude-Look, Nylon-Look, Öko-Look, Orient-Look, Outlook, Oversized-Look, Party-Look, Pilger-Look, Piloten-Look, Poor-Look, Porsche-Look, Putzfrauen-Look, Romantik-Look, Safari-Look, Schulmädchen-Look, Second-hand-Look, Snowboard-Look, Steinzeit-Look, Szene-Look, Tennis-Look, Trachten-Look, Trümmer-Look, Twiggy-Look, Wickel-Look, Winter-Look, Yuppie-Look, Zebra-Look, Zigeuner-Look und Zwergen-Look.

Lit.: H. Fink, *Von Kuh-Look bis fit for fun: Anglizismen in der heutigen Allgemein- und Werbesprache*, Frankfurt 1997.

loser

Losverkäufer auf dem Jahrmarkt. Weitergehend auch "verkrachte Existenz".

Siehe auch "winner".

lotion

Besonders softe body milk. Lotions zerfallen in hand & body lotions, compact creams und fehs-lotions. Hand & body lotions sind für hand & body, und fehs-lotions sind für das fehs.

lounge

Wartesaal für Besserverdienende: "Am Boden installierte die SAS für die Euro-Class-Reisenden (passengers) ein separates Reservierungssystem, eigene Abfertigungshallen und komfortable Lounges mit Telephon und Teleservice." (*Spiegel*)

lovely seats

Ein sensationelles Sonderangebot der Firm Möbel-Knappstein in Remscheid, Neuenkamper Str. 71 (an der B 229): Chice Sofas und Rundecken mit Kissen sowie lässig elegante pflegeleichte Polstergarnituren. Weiter im Angebot: Power tables, couches, chairs und cupboards aus massiver Kiefer in echtem country style!

love parade

Ein willkommener Anlaß für love-stories unter lovern, jeden Sommer wieder in Böhlin. Schon für DM 44,– bringt uns die Firma Rainbow Tours in einer "freakigen Busfahrt" mit "spaciger Reiseleitung" hin.

lover

Jemand, der den "lover test" besteht (eine vorbildliche Aktion des Bundesministeriums für Familien, Senioren, Frauen und Jugend): "Der 'Lovertest' kommt an. Bin ich ein 'stürmischer Liebhaber', vielleicht sogar ein richtiger 'Sexualexperte'? ... diese und andere Fragen nach Liebe ... lösen bei ... einer Jungengruppe in einer Tübinger Hauptschule lebhafte Unruhe aus."

Lit.: "Wer besteht den 'Lovertest'?" *Kabi* Nr. 45, 5. März 1999.

love talks

Eine weitere vorbildliche Aktion, diesmal im Rahmen der Ehe- und Schwangerenberatung des "Sozialdienstes katholischer Frauen e.V.". Vor allem für durchreisende amerikanische Touristinnen gedacht. Im Gegenzug errichtet das amerikanische Rote Kreuz in Chicago ein Büro "Liebeskummer – Unsre Nummer".

lump sum

Lumpige Summe. Sind durch die Bedeutung des sudetendeutschen Vermögens und die Stellung der Tschechoslowakei in der neuen europäischen Staatengemeinschaft verboten: "Die Bedeutung des sudetendeutschen Vermögens und die Stellung der Tschechoslowakei in der neuen europäischen Staatengemeinschaft verbieten aber die Leistung einer lump sum." (www.sudeten.de/sites/a41.htm

Auch bei settlements sind lumpige Summen nichts ungewöhnliches: "Man kommt nicht umhin, hier von einem 'lump sum settlement' zu sprechen." (*Neue Zürcher Zeitung*)

lunch

Kleiner Imbiß um die Mittagszeit. Zerfällt in Arbeits-Lunches, Business-Lunches, Breakfast-Lunches (Brunches), Brown-Bag-Lunches, Geschäfts-Lunches und Quick-Lunches. Quick Lunches (quickies) bestehen meistens nur aus sandwiches und coke.

Siehe auch "brown-bag lunch".

lunchy

Internet-Kuscheltier für kleine Luncher. "Download. Um den Lunchy in Aktion sehen zu können, benötigst du Shockwave. Wenn dir das Plug-In fehlt, kannst du unser Spiel und unsere Grüße nicht anschauen. Du kannst dir das Plug-In kostenlos bei Macromedia herunterladen. Klick einfach auf den Download-Button."

Lit.: http://www.kraft.de

lust for life

Neue Vertriebsschiene des führenden deutschen Einzelhandels- und Sprachumwandlungsunternehmens Kaufhof AG. "Shopping als Teil alternativer Freizeitgestaltung findet bei Lust for Life eine neue Ausprägung", läßt uns der stellvertretende Vorstandsvorsitzende des Unternehmens wissen. "Im Mittelpunkt steht dabei ein qualitätsorientiertes Angebot, das nach Konsumfeldern wie Living, Sport, Essen und Trinken, Fashion zusammengefaßt ist." (Nicht ohne Snackshops und Inscene Stores für Yuppies mit und ohne kids.)

Siehe auch "Store".

Lit.: "Handel will mit neuen Strategien aus der Flaute", in *Horizont – Zeitung für Marketing, Werbung und Medien,* 38/1998.

luxury brands

Die Dinge, die man nicht bei Aldi kauft. Louis Vuitton ist ein luxury brand. Mercedes Bence ist ein luxury brand. Kathreiner Malzkaffee ist kein luxury brand.

Nicht zu verwechseln mit Luxus-Weinbrand (Cognac).

M

"Money-Maker beim City-Ballett ist immer noch Tschaikowskis Nußknacker"
(Spiegel)

magic eye
Das magische Ei. Nachfolger des Überraschungseyes.

mailen
Das Versenden von Nachrichten per computer, sei es direkt (direct) oder über mailboxen (mailboxes); auch mail-orders werden heute immer häufiger per e-mail e-gemailt.

Siehe auch "e-commerce".

mainstream
Hauptfluß. Der mainstream von Germany ist der Rhine river. Leider kommt der mainstream oft zu kurz: "Viel Lobenswertes geschieht in der Jazzszene unseres Landes – vielleicht ein bißchen viel in der Polarität Dixieland hie, hie Free Jazz, während der Mainstream wohl zu kurz kommt." (*Sächsisches Tageblatt*)
Lit.: Stichwort "Mainstream", in: Broder Carstensen: *Anglizismen-Wörterbuch*, Band 2, Berlin 1994.

main tower

Ein köstliches Wortspiel der Frankfurter Stadtplanungsbehörde. Ist allerdings an den österreichischen Bauarbeitern vorbeigegangen, die diesen Wolkenkratzer hauptsächlich errichtet haben und die bis heute "Maintohwer" dazu sagen. Aber es muß ja auch Leute ohne Abitur und Bildung geben …

maker

Umgangssprachlich für "männlicher Begleiter": Da kommt die Moni mit ihrem maker (moni maker).

make up

Das Aufmachen. In Deutschland maken die meisten Geschäfte um 8:30 up, in Frankreich erst um 10. Im übertragenen Sinn auch für das Auftragen von Schminke üblich.

Siehe auch "remake".

managed care

Die Steigerung von "'tender and loving care". Anders als dort wird bei der managed care aber nicht ins Blaue hinein gecared, hier wird die care gemanaged (und zwar carefully!).

Das managen der care geschieht bei der managed care vor allem durch den family-doctor (gatekeeper). Dieser bestimmt, ob man ins Krankenhaus (hospital), zu einem Facharzt (specialist) oder zurück nach Hause geht (back home).

Allerdings ist "das wesentliche Element der MC, das 'Gatekeeping' durch den Hausarzt … aktuell in keinem

Modellvorhaben der gesetzlichen Krankenversicherungen umgesetzt."

Siehe auch "case manager".

Lit.: Ch. Schucht und M. M. Kochen: "Managed Care – ein Modell auch für die ambulante medizinische Versorgung in Deutschland?" *Zeitschrift für ärztliche Fortbildung und Qualitätssicherung* 92, 1998, S. 685–689.

management

Der internationale Geheimbund der Manager. Alternativ auch die Gesamtheit dessen, was Manager managen, wie das account management, das key account management, das brand-management, das facility management, das personalmangement, das quality-management, das total quality management, das communications management, das advanced communications management, das information management, das knowledge management und das portfolio management. Auch Ehen, Krisen, Ehekrisen, Kriege oder Katastrophen können gemanaged werden. "Im Unterschied zum herkömmlichen Handeln unterliegt das Management strategischen und operativen Zielfindungsprozessen."

Lit.: Stichwort "Management" in R. Kaehlbrandt: *Deutsch für Eliten*, Stuttgart 1999.

manpower

Heute vergessene Maßeinheit für die Leistung von Automotoren: 3 horsepower (PS) = 1 manpower (MP). Ist leicht durch überlange Telex-Texte lahmzulegen: "Zu lange Telex-Texte, in denen Leerformeln Maschinenkapazität wie Manpower unnütz banden, führten rasch zum Zusammenbruch." (*Spiegel*)

margin

Das typische Erkennungszeichen von modernen Großverdienern. Großverdiener tätigen investments, gehen short und brauchen margin. Dabei hilft ihnen "das risk-based margining system" an der DTB und, wenn das investment schiefgeht, der Konkursverwalter.

Siehe auch "investment".

marketing

Die Kunst der Verkaufens. Zerfällt in Pre-Sales-Marketing, After-Sales-Marketing, Face-to-Face-marketing, Cross-Marketing, Direct Marketing (deutschtümelnd auch "Direktmarketing"), Telephon-Marketing, Praxis-Marketing, Inlands-Marketing, Auslands-Marketing, Euro-Marketing, Globalmarketing, Jugend-Marketing, Senioren-Marketing, Event-Marketing, Target-Marketing, City-Marketing und Schwulen-Marketing.

Lit.: Wolfgang Disch: "Es war einmal ein (!) Marketing", *Marketing Journal* 2 / 1997, S. 71.

market maker

Der Verantwortliche für das Marketing. Ein weiblicher market maker heißt auch Marketenderin.

mastermind

Der Drahtzieher im Hintergrund. Vorstufe zum masterbrain. Nicht zu verwechseln mit dem mindmäster = moderner Kosename für "Nachhilfelehrer".

master slave

Die neue Sechsfach-Steckdose der Obi-Baumarkt GmbH. Der Stecker für die neue Sechsfach-Steckdose ist der slave master.

Lit.: www. obi.de

match

(i) Streichholz; (ii) passendes Zusammentreffen; (iii) Erdbeschaffenheit nach Regenguß.

matchrace

Ein race durch den match. Vor allem bei Seglern beliebt, um das Fortbewegen in semi-flüssiger Materie zu üben.

Lit.: "Flaute stoppt das Matchrace", *Hannoversche Allgemeine Zeitung*, 28. 6. 1999.

McClean

Auf deutschen Bahnhöfen der Name für das Klo. Frustrierender Anlaufpunkt für Reisende, die sich eigentlich ein Brötchen kaufen wollten.

medium

Gesprochen "miedijum". Beliebte Antwort teutonischer Restaurantbesucher auf die Frage: "Wie hätten Sie's denn gern?" Seltener sind "well done" oder "overdone".

Nicht zu verwechseln mit mehdium = Geisterseher. Drei Geisterseher zusammen bilden ein Medium Terzett.

meeting

Der Ort bzw. Anlaß, wo man Leute meetet (Treffen, Sitzung, Arbeitstagung). "In der einschlägigen Literatur werden Meetings u. a. folgende Funktionen zugeschrieben: Sie erleichtern die Koordination arbeitsteilig zu bewältigender Aufgaben, machen Planungsprozesse und Entscheidungsfindungen transparent, regen zur Selbsteinschätzung des eigenen Arbeitsverhaltens an und gewährleisten die Fremdeinschätzung durch Mitbeteiligte und Führungskräfte. Darüber hinaus tragen Meetings dazu bei, innerbetriebliche Wir-Gemeinschaften und die Identifikationen einzelner Mitarbeiter und Mitarbeiterinnen mit dem Gesamtunternehmen zu stärken. Sie haben insgesamt gruppendynamische und konfliktentschärfende Funktionen."

Solche innerbetrieblichen Wir-Gemeinschaften, mit gruppendynamischen und konfliktentschärfenden Funktionen, erzeugen normale Sitzungen natürlich nicht.

Siehe auch "workshop".

Lit.: R. Schmitt u. a.: "Gruppenstil in Arbeitsmeetings", *Sprachreport* 1/1999, S. 20–25.

meeting point

Ein point zum mieten. Ein point zum Kaufen ist ein point of sale.

members

Kosename für die Mitglieder der Anleger Community Investorworld: "Memberzahlen steigen weiter ... Anfang März konnten sich Fernsehzuschauer erstmals einen Einblick in die erste echte Finanz-Community in

Deutschland verschaffen." (*investorworld together*) Nach der Sendung (after the sending) verzeichnete die Anleger community investorworld einen zehnprozentigen Anstieg der Memberzahlen.

Members, die nach einem Austritt wieder eintreten, heißen auch re-members.

memory

Beliebtes Geduldspiel für Vorschulkinder: "Memory ist der Weltstar unter den Gesellschaftsspielen! Original-Memory – Junior Memory – Natur-Memory – Combi-Memory." (*Für Sie*)

Der Beste im memory erhält ein memorial, der Schlechteste muß eine Pilgerfahrt nach Alzheim machen.

men's wear

Herrenoberbekleidung. Nicht zu verwechseln mit "men swear". Daneben gibt es auch noch activity wear, aerobic wear, beachwear, bikewear, body wear, business wear, casual wear, eyewear, footwear, home wear, kidswear, knitwear, summer-knitwear, leasure wear, nightwear, knightwear (Standardkleidung der Kreuzritter), office wear, sportswear (in cool wool), performance sportswear, streetwear, swimwear, underwear, women's wear und workwear (aus einer Werbebeilage der Karstadt AG und ausgewählten Zeitungsanzeigen).

Da muß man sich schon fragen: Wear soll das alles wearen?

Siehe auch "women's wear".

mentee

Umschuldiges, in der Regel weibliches Opfer eines informellen mentorings. “Dennoch gibt es schon zahlreiche informelle Mentoring Beziehungen, die durch das persönliche Engagement der Mentorin oder des Mentors oder der geförderten Person – der Mentee – zustande kommen und die nunmehr auch Frauen berücksichtigen” (aus der Rede der niedersächsischen Sozialministerin Heidi Elm-Möög). Eine ungeförderte Person dagegen ist ein De-Mentee.

Siehe auch “mentoring”.

mentoring

Noch eine tolle Idee der niedersächsischen Sozialministerin Heidi Elm-Möög: “Sehr geehrte Damen, sehr geehrte Herren, liebe Kolleginnen,” sagte sie zur Auftaktveranstaltung des niedersächsischen Mentoring-Programmes “Mehr Frauen in die Kommunalpolitik”: “ich freue mich, Sie heute zu unser Auftaktveranstaltung für das Niedersächsische Mentoring-Programm “Mehr Frauen in die Kommunalpolitik” begrüßen zu können.”

Dieses Mentoring-Programm ist ein Förderprogramm für Frauen. Das Förderprogramm für Männer heißt dagegen Frauentoring.

Siehe auch “gender mainstreaming”.

Lit.: www.niedersachsen.de/MS_mentoring_rede2.htm

merger

Besonders gigantischer Zusammenschluß: Daimler-Benz und Chrysler müssen mergen, aber die Stadtwerke von Mainz und Wiesbaden dürfen auch weiter fusionieren.

message

Nachricht oder Mitteilung für Vips. (Normale Zeitgenossen haben eine Botschaft, important persons haben eine message). Messages finden sich auf message boards oder werden von einem messenger gebracht.

Früher war auch das Verbreiten von messages durch öffentliches Ausrufen gebräuchlich. Aber wie sagte schon Freddy Shiller (oder war es Gossi): "Die message hör' ich wohl, allein mir fehlt der belief."

microfiche

Ein ziemlich kleiner fiche, mit einem Walfiche oder Haifiche überhaupt nicht zu vergleichen.

midlife-crisis

Das persönliche Problem von Vater Beimer: "Vater Beimer befindet sich offensichtlich in der Midlife-Krise, nur Mutter Beimer bemerkt es nicht." (*FAZ*)

mind mapping

Lebenshilfe für Alzheimer-Patienten: "Mind Mapping aktiviert das ganze Gehirn, fördert Kreativität, Klarheit und macht die eigene Struktur bei verschiedenen Themenstellungen deutlich."

Lit.: Kursangebot "Mind Map – leicht gemacht" der Kreisvolkshochschule Hannover; Leitung Esta Schlenther-Möller, Sonntags 10:00–16:00.

mix

Das Produkt des mixens, wie der case mix (gemischte Käseplatte) oder der "Sweat-Shirt-Material-Mix – Umlegekragen mit Nieten-Birdy's" (aus einer Anzeige im *Westfälischen Volksblatt).*

Ein mix von Aufbruchstimmung und kleiner Freiheit heißt auch pioneer city: "Dort beginnt, was die Planbürokratie an der Moskwa sonst nirgends zustandebringt: Pioneer City, ein Mix von Aufbruchstimmung und kleiner Freiheit." (*Spiegel*)

model

Gesprochen "moddel". Häufiger Nebenberuf bei Vorführdamen.

Moddels verdienen ihr Geld mit moddeln. Die meisten machen ihre ersten moddel-Erfahrungen in moddel-contests; später übernimmt dann eine moddelbookerin das moddel-booking. Besonders begehrte moddels heißen topmoddel oder supermoddel.

Topmoddels dürfen auch in Movies spielen. "In 'Die Wiege der Sonne' begann Topmodel Tatjana Patitz 1993 ihre Filmkarriere – als Leiche. Jetzt hat sie im Sat-1-Thriller 'Der Todfeind – Ein Mann rächt seine Frau' bereits die Hauptrolle. Richtig mit Text und so. Und diesmal ist sie auch viel lebendiger als im Debütfilm. Man könnte fast sagen: Sie spielt schon wie ein Zombie."

Top-moddels sind viel unterwegs zu shootings und castings; sie zerfallen in glamour girls und plus size moddels. Aber auch plus size moddels sind sexy at any size. Die Galionsfigur der plus size moddels heißt Sophie Dahl. "Seit die Britin mit der Kleidergröße 44 entdeckt wurde, ist sie aus dem Modelbusineß nicht mehr wegzudenken."

Lit.: "3 models dick im Geschäft", *Joy*, 6 / 1999; "Klassischer Model-Fall", *TV Today* 9 / 1999.

moisture

Mittelstarke Feuchtigkeit, vor allem für creams geeignet (moisturizing creams). Auch nach einem kleinen Regen ist es moistens etwas moist.

Siehe auch "lotion".

moment

Gesprochen "moument". Etwa eine Viertelsekunde kürzer als der gewöhnliche Moment: "You can't catch the moment" (so eine ganzseitige Spiegel-Anzeige der Firma Nikon), "the moment catches you".

money

Das, was die world roundgoen läßt. Die maker von money heißen auch money-maker; bei ihnen weiß man nie, wo es endet: "Mit Tarzan fängt es bei diesen rüden Moneymakern an, wer weiß, wo es endet?" (*Welt*)

Money zum Anfassen heißt auch cash.

monitoring

Der Zwillingsbruder des managens. Wer managed, muß auch monitoren. Nicht zu verwechseln mit monotoring = Fußballspielen auf ein Tor.

Lit.: R. Eberhardt und M. Söhngen: *Monitoring und Mangement klinischer Studien*, Aulendorf 1999.

moonshine tarif
Gegensatz zu sunshine tarif. Eine kundenfreundliche Erfindung der German Telekom. Gilt immer, wenn der moon scheint (shines).

most wanted
Verzweifelter Hilferuf amerikanischer Touristen: "Wo bitte gibt es hier den besten Most zu kaufen?"

motorhome
Das home des motors. Oft kombiniert mit einem trailer. "Motorhomes ... werden beliebter, auch als Zugfahrzeuge für Trailer mit Booten benützt." (*Welt*)

mouse
Maus.

movement controller
Ein controller für das movement. "Als Movement Controller / in gehört die Überwachung aller täglichenFlugbewegungen, die Erstellung der Company / ACT-Flugpläne, die laufende Kommunikation mit Flugzeugen / Stationen / Behörden sowie die Koordination der beteiligten Stellen zu Ihrem Aufgabengebiet."
Lit.: Stellenanzeige der Hapag-Lloyd-Fluggesellschaft mbH in der *Hannoverschen Allgemeinen Zeitung* vom 15. 5. 1999.

movie theater
Knappe und knackige Alternative für den umständlichen deutschen Ausdruck "Kino".

must
Neuer Name für die englische Hauptstadt London: "London, ein must für jeden, der im Einzelhandel neue Konzepte kennenlernen und selbst wagen möchte." (Aus "Trends im Einzelhandel. London retailers", *cimadirekt* 2/1998)

N

"New Work fürs Daily Business"
(Überschrift eines Artikels in Mensch und Büro 1999)

name-dropping
Das gewerbsmäßige Herstellen und In-Umlauf-bringen von namedrops. Mit Gefängnis nicht unter zwei Jahren zu bestrafen.

name tag
Namenstag. Der name tag des Autors dieses Buches z. B. ist der 8. April. In großen Firmen oder auf internationalen Konferenzen trägt man heute den name tag um den Hals oder auf einer Karte.
Siehe auch "badge".

native speaker
Ein nativer (nicht zu verwechseln mit naiver) speaker.

need a change?
Fürsorgliche Frage des Textilkaufhauses Piek änd Kloppenbörg. Aber: was hat Geldwechseln mit Anziehen zu tun?

needs

Besonders dringende Bedürfnisse. Needs zerfallen in die basic needs und die advanced needs. Zu den basic needs gehören etwa eating, drinking oder driving. Die mehr advancederen needs gehören zum Bereich der culture und unterstehen in Deutschland dem cultural contact point, einer Einrichtung des Deutschen Kulturrates e.V. in Zusammenarbeit mit der Kulturpolitischen Gesellschaft zur Förderung von Events und Festivals in Germany.

Siehe auch "cultural contact point".

net easy

Rheinländisch für "schwer". "NetEasy NetKit 510 Einsteiger HubKit mit 5 x 10 Mbit RJ-45 Ports. Einfache [sic!] Installation durch Plug and Play" (aus einer Karstadt – car city – Werbung, März 2001).

Netscape

Netzkappe (Internet-Duschkopf). Inzwischen in Version 6 auf dem Markt: "Jetzt verfügbar! (Now available!) Netscape 6! Netscape 6 revolutioniert das Internetbrowsen, indem es den einfachsten und persönlichsten Weg (the most easy and personal way) anbietet, das Internet zu nutzen (usen). Er ist so designed (gestaltet), daß Menschen alles bekommen, wenn sie online sind – browsen (duschen), suchen (searchen), e-mail und Instant Messenger – er bringt alle auf einen bequemen und am besten angepaßten Weg zusammen." (aus der Netscape Werbung)

Jetzt holen! (Now getten!)

network

Moderne Form des Netzwerks oder Netzes. Vor allem viele Fischer wären ohne network aufgeschmissen. Aber auch das Fernsehen, die computer und die human relations brauchen networks (relationship networks).

Relationship networks wie die old boy networks dienen der Pflege von relationships. Computer networks dagegen dienen der Pflege von computern; sie sind eher für das remote and distributed software engineering vorgesehen. Dabei hilft ein network application agent wie der tolle neue ERP Express: "ERP Express ist das erste Produkt einer neuen Generation von Switch-Software-Agents für die ESX Produktfamilie von Application Aware Routing Switches, die speziell für planbare Network-Service-Levels für unternehmenswichtige ERP-Software entwickelt wurden."

Lit.: "SAP R/3 Network Application Agent", *Behörden-Spiegel,* Juli 1999.

networking

Das Bewegen in networks. Networker (nicht zu verwechseln mit nette worker) verfügen über ein gutes Selbstmarketing. Nette worker dagegen stehen weniger gern im Vordergrund.

Lit.: J. Hesse und H.-Ch. Schrader: Networking als Bewerbungs- und Karrierestrategie, Frankfurt 1999; "Karriere-Klüngel – Mit Networking zum Ziel", *Audimax* 5 / 1999.

newcomer

Die natürlichen Feinde der oldcomer (oldtimer): "Newcomer auf dem Gebiet des Mixens bedienen sich des Meßbechers, die Oldtimer schütteln aus dem Handgelenk." (*Hörzu*)

news
Besonders neue Nachrichten. News zerfallen in good news und bad news. Meistens sind die bad news auch die top news. Die meisten news werden von news managern in newslettern oder news-shows unters Volk (under the people) gebracht.

nightlife
Gegensatz zu daylife. Daylife besteht aus shopping, mountain climbing oder crazy poolgames am creative corner. Nightlife besteht aus candle-light dinners, wild discos, happy hour im sunset park und midnight-shows.

Siehe auch "fun".

Lit.: TUI. Reisekatalog April–Oktober 1999.

nightmare
Abgeschwächte Form des Alptraums. "Mein nightmare: Tausende von Polizisten beginnen die Häuser in der Hafenstraße zu umzingeln." (Ex-Oberbürgermeister von Dohnanyi)

Lit.: Stichwort "nightmare", in: A. Probst: *Amideutsch*, Frankfurt 1988.

nobody
Die Vorstufe von somebody. "Einstige Hollywood-Nobodys sind heute oft Zelebritäten." (*Welt*)

non-event
Eventuelles event.

non-food-abteilung

Kantine im Frauenkloster.

nonsense

Das Besondere an Brösels Komik: "Brösels Komik ist Nonsense pur. Jux für Freaks, insiderisch, Außenweltlern häufig schwer verständlich." (*Spiegel*)

nonstop hiphop

Der Höhepunkt des 2. Jugend-Kulturfestivals Regio-Jam am Neuenburger Rhein: "Sommer, Sonne, Funsports, Comedy und über 20 Stunden Live-Musik von Pop über Reggae bis zum Rock und Hardcore gab's beim 2. Jugend-Kulturfestival Regio-Jam am Neuenburger Rhein."

Lit.: "Ein Nonstop-HipHop-Event am Rhein," *Badische Zeitung*, 21. 7. 1998.

no show

Jemand, der nicht showed (ein reserviertes Hotelzimmer nicht belegt). Nicht zu verwechseln mit no shower (= keine Dusche).

Siehe auch "latecomer".

not

Besonders bittere Armut.

not ausgang
Eingang. Damit die Besucher nicht durch die Fenster einsteigen müssen, ist im Kino oder im Theater ein not ausgang gesetzlich vorgeschrieben.

note
Leistungsmaßstab in der Schule. Am Ende des Schuljahres werden die notes vom Lehrer (teacher) in das notebook eingetragen.

number
Identifizierungsmerkmal für telephones und cars.

nuts
Besonders schmackhafte Nüsse. Ein Nuts-Verkäufer ohne nuts ist nutslos.

O

“Gerade Tour-Operator und Professional Congress Organizer finden ein Branchenverzeichnis, in dem sich mögliche Partner für Events und Tagungen finden lassen.”

Aus der Internet-Leitseite (homepage) der Euro-City Fränkföht.

off

Der neue College-Ordner der jugendfrohen Aktenordnerfirma Leitz: “Off ist praktisch. Off sieht verdammt gut aus. Was willst Du mehr? Off – All you need. All you want.”

Vom Aktenordner ist off dann auch in andere Bereiche unseres Lebens vorgedrungen: Off limits, off-road, off the record, offline, offset, offshore, off ice (Holiday off ice), off course, off enbach usw.

Siehe auch “off-road vehicle”.

office

Der Ort, wo drei Viertel der deutschen Werktätigen ihr Werk tätigen. Spezialfälle sind das tourist office, das back office (keine Bäckerei – hier werden Bank- und Börsengeschäfte abgerechnet) oder das ouwel office.

Neben Arbeit geschehen im office aber auch große Umwälzungen. Die Firma Werndl (“Feel at home at the office") Büromöbel AG: "Die traditionelle Organisation hat sich überholt, denn die Unternehmen strukturieren sich für die Zukunft um. Deshalb mußten wir das Büro überdenken und eine Einrichtungslösung schaffen, die zukünftigen Arbeitsweisen entspricht. Jetzt gibt es Frisco, eine unkonventionelle Büroeinrichtung, die Schritt hält mit den flexiblen Strukturen der neuen Unternehmens-Organisation. Eines ist sicher, das Büro wird nie wieder das gleiche sein. Let's go Frisco!"

official carrier

Neuer Ehrentitel für die German Rail AG: "official carrier für die Expo 2000 in Hannover".

off-road vehicle

Ein Vehikel, das auch off einer Straße fährt (Traktor, Jeep, Off-Road-Bikes). Auch als Kinderspielzeug von der Firma Lego angeboten: "Lego Technic Off-Road-Racer" oder "Lego Technic Polizei Off-Roader": zwei coole hits für kids direkt aus dem Lego Technic Design Center. Mit supercoolen features wie Ballonreifen und transparentem 4-Zylinder V-Motor (4-cylinder-wie-motor).

oldie

Kurz für "oldfashioneder oldtimer". Als Herrscher über Tore oder Punkte nicht zu schlagen: "Herrscher über Tore und Punkte im Schweizer Fußball bleiben die Oldies Weißweiler und Johannsen." (*Spiegel*)

one-night stand

Eine oft den Standort wechselnde Kirmesbude.

one-to-one

(i) häufiges Ergebnis bei Bundesliga-Fußballspielen, (ii) wünschenswerte Eigenschaft zwischenmenschlicher Kommunikation: "Ein gutes Call Center schafft Raum für one-to-one-Kommunikation (communicaton)."

Lit.: "Explodierender Markt", *Mensch und Büro* 2/1999.

online

Das Gegenteil von offline. In den meisten deutschen Kurparks sind Hunde z. B. immer online mitzuführen.

Auch shops sind heute immer öfter online, wie die online shops der VIAG Intercom: "Ein Element des Konzepts ist der Online-Shop. Zusätzlich zu den ersten zehn VIAG Intercom-Shops, die am 1. Oktober in zehn Großstädten ihre Pforten öffneten, wendet sich die ab Januar nächsten Jahres verfügbare virtuelle Variante an Internet-Nutzer (user?): Mit den Produkten fonservice, mobilservice und planet-intercom sowie Handys, Telefonen und Organizern von vielen renommierten Herstellern ist dann im Online-Shop rund um die Uhr eine umfangreiche Produkt- und Leistungspalette erhältlich."

Siehe auch "e-commerce".

online learning

Verdrängt zusehends das alte classroom-learning. "Neben erlebnisorientierten Lernformen, situativen Verhaltenstrainings oder Trainings-on-the-Job ist es vor allem das Internet, das als Plattform (platform) für Tele- und Self-Learning den Wissenserwerb in der neuen Arbeitswelt prägt."

Siehe auch "coaching".

Lit.: "Online-Learning steckt noch in den Kinderschuhen," *Hannoversche Allgemeine Zeitung*, 17. 2. 2001.

open

Hinweis für amerikanische Touristen. Teil einer erfreulichen Aktion (action) "Wir sind keine Servicewüste" (we are not a service desert) des Verbandes deutscher Klein- und Einzelhändler.

Das Öffnen der Ladentür heißt auch opening, bei einer besonders großen Ladentür auch grand opening.

Siehe auch "exit".

Lit.: "Grand Opening – Neueröffnung", Flugblatt der Dynamixx AG, Opelstraße 20, 64546 Walldorf.

open air

Etwas, das die meisten Fans nur mit viel Alkohol ertragen: "Ein Open Air ohne Alkohol ist für die meisten Fans kein Open Air." (*Flensburger Tageblatt*)

Daß es auch anders geht, zeigen die Organisatoren (organizer) des Jugendkongresses "Christival" in Dresden: "Mit einem Open-air-Gottesdienst im Dresdner Stadion ist der Jugendkongreß 'Christival 96' am Sonntag (sunday) zu Ende gegangen." (*Sächsische Zeitung*)

open end

Das offene Ende. Das Gegenteil von closed end (wie in "closed end fund" = von Archäologen ausgegrabenes Endstück einer altrömischen Toilettenanlage). Angeschnittene Würste z. B. haben ein open end und ein closed end. Open houses dagegen haben öfters (often) nur open ends. Auch bei meetings, sessions, briefings oder workshops sind open endings häufig anzutreffen.

operator

Arbeitsloser Chirurg. Aushilfsweise bei der German Telekom beschäftigt.

out

Das Gegenteil von in. Es gibt insider und outsider, input und output, in-laws und out-laws, inlooks und outlooks, indoor-sports und outdoor-sports.

Outdoor sports geschehen meistens an der open air. Auch outdoor learning (der frühere Schul-Wandertag) ist ein open-air event, dazu trägt man Outdoor-Jacken, Outdoor-Westen und auch Outdoor-Kragenknöpfe.

Auch fits finden heute immer häufiger im Freien statt. Outfits zerfallen in business-outfits, holiday-outfits, gala-outfits, office outfits, punker outfits und verkehrte outfits: "Denn das Schlimmste, was an Elbe oder Alster passieren kann, ist im falschen Restaurant mit verkehrtem Outfit neben total uninteressanten Leuten gesehen zu werden." (*Flensburger Tageblatt*)

outen

Etwas out machen: "Vergiß nicht das Licht zu outen!"

outplacement

Humane Form der Entlassung: "Outplacement heißt der faire Weg, sich von Mitarbeitern zu trennen. Es bedeutet, daß ein Arbeitgeber den Mitarbeiter bei der beruflichen Neuorientierung unterstützt." (Christiane Gräfin Matuschka, bei der Personalberatung Rundstedt)

Diese berufliche Neuorientierung ist ein Segen für alle Beteiligten, die Personalabteilung, die Finanzabteilung, die Gewinnabteilung: "Die Wirtschaft hat erkannt: Outplacement lohnt sich allemal." (Dana Schuppert, Outplacement-Beraterin bei der Firma Meta-Consult in Wiesbaden): "Eleganz und Stil ist im Fall der Trennung ein Zeichen der Unternehmenskultur. Modernes Outplacement soll die Einsicht vermitteln, daß wir alle Produkte (products) sind."

Lit.: Stichwort "outplacement" in A. Probst: *Amideutsch*, Frankfurt 1988; "Outplacement – Umorientierung mit vielen Hilfen", *Hannoversche Allgemeine Zeitung*, 15. 5. 1999.

output

Lockruf für Geflügel: Input, Output, Put-Put.

outcome

Das, was rauskommt. Gegenteil von income = das, was reinkommt. Outcomes sind ein häufiger Gegenstand von outcome studies, wie die des Hannover Outcome

Study Team (HOST). Z. B. verbessert Aspirin den outcome beim akuten Schlaganfall.

Lit.: www.evimed.ch/artikel/art6.htm

outsourcing

Das Gegenteil von insourcing. Nicht zu verwechseln mit outscoring (mehr Tore schießen als die anderen).

Beim outsourcen werden bestimmte Tätigkeiten (tasks) eines Unternehmens outgesourct: "Outsourcing von Logistikleistungen, outsourcing von Informationstechnik, outsourcing in der technischen Produktion." (aus dem Seminarkalender "Outsourcing" des Deutschen Anwaltsinstituts e.V.)

Ein outsourcing, das mit einem "Wandel des Aufgabenverständnisses und einer Einbindung von Systemlieferanten" einhergeht, wird auch superoutsourcing genannt.

Leider wird dieser schöne Anglizismus durch das häßliche deutsche "ausgründen" zunehmend selber geoutsourced bzw. outgesourct.

Siehe auch "outplacement".

overkill

Eine der großen Sorgen unserer beiden großen Kirchen: Was machen wir am Sonntag? "Die beiden großen Kirchen warnen vor einem Overkill der Sonntagsarbeit. Lieber weniger Arbeiten und mehr beten." (*Bild*)

P

"In der Pipeline ist das Upgrade eines Kalibrationskits für Proofscreen-Monitore und als Highlight ein Digitizer für CAD-Applikationen."

(Werbung in einer Computerzeitschrift)

pacemaker

Wichtige Zutat bei Rad- und Autorennen. Nicht zu verwechseln mit peace maker. Bei Autorennen wird die pace von einer / einem pace car gemaked. Der / die / das pace car fährt zum maken der pace voran, die racer racen gedrosselten Tempos hinterher. Fehlt das pace car, "muß man sich selbst die pace geben." (Formel 1 Reporter Christian Danner)

Bei Radrennen wird die pace von einem Motorbiker (indoors) bzw. von einem anderen biker gemaked (outdoors). Von hier hat das pacemaken einen ungeahnten Siegeszug auch in Medizin und Technik angetreten.

Lit.: Stichwortartikel "Pace-maker" in Broder Carstensen: *Anglizismen-Wörterbuch*, Band 3, Berlin 1996.

pads

(i) Vorname (Pads Domino); (ii) kleine Wattebäusche ("Eye Make-up Remover Pads").

pager

Seitenzähler. Besonders fixe pager heißen auch power pager, wie der "Realtime-Pager Edition Future Broking" der Consors Discount Broker AG in Nuremberg, Bavaria.

panel

Gesprochen "pännel". Nicht zu verwechseln mit paneel = Vertäfelung aus Holz. Ein panel dagegen sollte möglichst nicht aus Holzköpfen bestehen. Das "Capital-Elite-Panel" z. B. umfaßt 630 Führungskräfte aus Politik und Wirtschaft, die den Bodentruppen sagen, wo es langgeht.

Lit.: "Elite-Panel: Was Topmanager von Kohl erwarten", *Capital* 1 / 1995.

pants

Gesprochen "penz". Rheinisch für "Kinder": "Liesbeth, hos do de penz jesiehn?" Auch in der Bedeutung "Hose": "Wichtig für die neuen pants ist die gut passende Strumpfhose, die nicht nur einfarbig, sondern auch sportlich geringelt oder romantisch geblümt sein darf." (*Mittelbayrische Zeitung*)

Pants im Sinn von "Hosen" zerfallen in hot-pants, baggy-pants, boot-cut-pants, cord-pants, cargo-pants und caro-pants.

Siehe auch "cargo pants".

paper

Das, was Wissenschaftler schreiben müssen, wenn sie Professor werden wollen (publish or perish): ein "ein- oder mehrseitiges Schriftstück mit Aufzeichnungen zu einem best. Thema, das Entwürfe oder Arbeitsergebnisse in komprimierter Form zur Information für andere zusammenfaßt."

Üblicherweise wird ein paper von einem oder mehreren referees referreed. Dann erscheint es in einem Journal (journal) und bekommt einen impact factor.

Lit.: Stichwortartikel "Paper", in: Broder Carstensen: *Anglizismen-Wörterbuch*, Band 3, Berlin 1996.

paperback

Wörtlich: Rücken aus Papier. Der körperlich schwächste Spieler beim American Football. Es folgen der Quarterback, der Halfback und der Fullback. Da der Paperback oft als einziger einer Football-Mannschaft lesen und schreiben kann, hat sich "Paperback" auch auf eine gewisse Art von Büchern übertragen.

paragliding

Moderner fun-sport: "Der Sommerhit des Jahres 1987: Gleitschirmfliegen, auch Paragliding genannt, hat sich zum echten Renner entwickelt." (*Neue Westfälische*)

Siehe auch "wakeboarding".

park and ride

Hier können Reiter ihre Pferde parken. Inzwischen hat das 'Park and Ride'-System zumindest in Frankfurt durch 'Kiss und Ride' Konkurrenz bekommen: Hier sollen Frankfurter in Zukunft ihre Pferde küssen. "Auf Tausenden von Plakaten in U- und S-Bahn-Zügen wirbt der Frankfurter Verkehrsverbund (FVV) für diese charmante Alternative." (*Neue Westfälische*)

password
Kurz für das umständliche deutsche "Paßwort". Soll Computer vor unbefugten Benutzern schützen.

patchwork
Ausgesucht schlampiges Flickwerk: "Besonders nachteilig wirkte sich Kohls Patchwork in der Wirtschafts-, Finanz- und Sozialpolitik aus." (*Spiegel*)

pay-TV
Das Gegenteil von free-TV. Beim pay-TV geht das Geld an Premiere, beim free-TV an ARD und ZDF. Beim pay-TV gibt es weniger commercials.

Eine Abart des pay-TV ist pay-per-view-TV. Beim pay-TV payed man TV (täglich viel), beim pay-per-view-TV payed man per view.

peace
Ein besonders peacevoller Frieden ("a piece of peace, please"). Auch für Badehosen zu gebrauchen: "Bade-Boxershorts mit Peace-Zeichen-Dessin aus Kunststoffpapier." (Anzeige in *Männer-Vogue*)

peanuts
Rechnungen unter 50 Millionen Mark.

peeling
Bei gewissen Obstsorten vor dem Verzehr zu empfehlen. Von dort auf Menschen übertragen: "Im Dienste der Schönheitspflege bieten wir Ihnen in unseren gepflegten Kabinen Peeling, Kräutermaske, Lymphdrainage …"

peep-show
Eine show zum piepen.

peer group
Eine Gruppe von Männern, die zusammen pee-en (umgangssprachlich).

performance
Wird heute jederzeit von jedermann erwartet, vom Konzernchef bis zum Autoreifen: "Der neue Eagle Ventura. Der High Performance Reifen der Zukunft: eine top-Kombination aus souveränem Fahrverhalten durch optimales Handling sowie hervorragender Straßenhaftung."

Wer nicht performed, ist ein underperformer. Wer zuviel performed, ist ein overperformer. Und wer so tut, also ob er performed, ist ein Perfomance-Künstler.

personal partnership
Ein innovatives Programm im Rahmen der NRW-Landesinitiative "Chancengleichheit im Beruf". Organisiert ein mentoring für weibliche Führungskräfte (female lead powers). "Das Ministerium verspricht sich

davon u. a. verbesserte Aufstiegschancen für Frauen." (*Westdeutsche Allgemeine Zeitung*)

Siehe auch "mentoring".

pick-up

Kurz für "Pick-up Drug" = Tablette zum Aufpicken.

piercing

Das piercen von Nasen, Ohren oder Genitalien zwecks Anbringen von metallischen Gegenständen. Aber Achtung: "Unbedarfte Piercer können beim Eingriff (piercen) empfindliche Nervenstränge zerstören." (*Prisma*)

pipeline

Pfeifenlinie. Nicht zu verwechseln mit popeline (heißer Draht zum Papst) oder halfpipe (Rutschbahn für funskater). Größere pipelines dienen auch zum Aufbewahren von Autos: "VW hat noch weitere Modelle in der Pipeline."

player

Zerfallen in backplayer (player von playbacks), CD-player, disc-player, global player, football player, global football player, powerplayer und playboys. Playboys playen vor allem mit playgirls, es sei denn, sie haben playungen. Dann nimmt ein taktvoller player ein play off.

playmate

Spielmatte (meistens aus Bast oder Hartgummi).

plugs for the world

Ein Produkt der sauerländischen Firma Mennekes: "Den weißen Blitz auf rotem Grund findet man rund um den Globus. Ob in Brasilien, China, Singapur oder Südafrika. In Indien und in den USA und selbstverständlich in Europa ... Steckvorrichtungen von Mennekes sind überall."

Lit.: "Plugs for the world", *Im Sauerland – Magazin für Touristen, Wirtschaft und Kultur*, März 1999.

point

Punkt. Points zerfallen in end points, credit points und service points (Servierpunkte). Der bekannteste service point ist der service point der German Rail AG.

Ein weiblicher Servierpunkt heißt auch service pointe.

point of no return

Der Punkt, ab dem die Bundesversammlung an keinem anderen Ort mehr stattfinden kann. "Auf die Frage, ob die Bundesversammlung noch an einem anderen Ort stattfinden könne, sagte Ahlers, nun sei der 'Point of no Return' erreicht." (*Mittelbayerische Zeitung*)

Lit.: Stichwortartikel "point of no return", in: Broder Carstensen: *Anglizismen-Wörterbuch, Band 3,* Berlin 1996.

point of sale

Moderner Nachfolger der alten "Ladenkasse". Auch als Oberbegriff für Verkaufsstellen allgemeiner Art geeignet: "Die Lotto-Toto-Bude an der Ecke, einst als letzte Heimstatt ausrangierter Fußball-Größen bekannt, ist zum Point of Sale eines Milliarden-Unternehmens geworden." (*Spiegel*)

Lit.: Stichwort "point of sale", in: A. Probst: *Amideutsch*, Frankfurt 1988.

pole position

Die position auf dem pole. "Mit uns haben Sie die Pole-Position auf dem Ungaro-Ring" (Warsteiner): Die Gäste sitzen auf hohen Pfählen, da können sie das Rennen besser sehen. Der pole in der Nordkurve ist der north pole, der pole in der Südkurve ist der south pole. Besonders der Platz auf dem south pole ist heiß begehrt, hier hat es Anfang des Jahrhunderts einige dramatische Erstbesteigungs-Unfälle gegeben.

pool

Gesprochen "puhl". Ein puhl macht eine Immobilie zu einer Premium Immobilie: "Es gibt Villen mit Pool, Bungalows, Apartments oder Reihenhäuser." (*Spiegel*)

Ein besonders quirliger puhl heißt auch whirlpuhl.

Zu eine Villa mit puhl gehört natürlich auch ein Puhl-Billard. "Nun wird immerhin das amerikanische Pool-Billard in Deutschland immer populärer. Raten Sie einem jungen Talent, am Pool für das anspruchsvollere Billard zu trainieren?" (*Spiegel*)

Lit.: Stichwortartikel "pool", in: Broder Carstensen: *Anglizismen-Wörterbuch*, Band 3, Berlin 1996.

pole position

poolen
Gesprochen "puhlen". Neumodische Art des Nasenpopelns.

portable
Hat das untragbare "tragbar" abgelöst: "Wolfi, bald 16 Jahre alt, hat nun neben dem Hi-Fi-Turm (tower), dem portablen Farbfernseher und den Super-Sound-Boxen auch ein Video-Computersystem." (*Mannheimer Morgen*)

post doc
Der Betriebsarzt bei der deutschen Bundespost. Unter Kollegen als kunstfehleranfällig bekannt (post doc, ergo propter doc).

power

Das, was Leute mit Laifstail von normalen Zeitgenossen unterscheidet (siehe auch "lifestyle"): Pauer-Frauen, Pauer-Bodies, Pauer-Moddels, Pauer-Paare (Sonja und Willi Bogner, "das Power-Paar der deutschen Modeszene").

Pauer-Menschen waschen ihre Haare mit den neuen Pauer-Shampoos von Nivea Hair Care und beißen gerne anderen Menschen in die Wade: "Elaine May war nicht irgendwer, sondern eine in Hollywood gleichermaßen geschätzte und gefürchtete Power-Frau, der man nachsagte, sie hätte aus Wut schon mal einem Tontechniker in die Wade gebissen." (*Spiegel*)

powerline

(i) Linie mit power; (ii) Linie für power; (iii) alter deutscher Mädchenname.

Powerlinien im Sinn von (ii) (früher "Starkstromleitungen") werden heute nicht für den Transport von pauer, sondern auch für pauerline-communications eingesetzt: downstream gehen die news und messages zum Endverbraucher, upstream geht das feedback zum provider.

Lit.: "Gefahr Powerline?" (Interview mit Dr. Hartmut Schilling, Projektleiter Powerline Communication, RWE AG Essen), *CQ-DL* 6/99.

premium

Etwas besonders Wertvolles und Gutes: Premium Pilsener, Premium Butter ("delicado. Die sahnig feine Premium Butter"), Premium Minister usw.

preview
Vorstufe des review. Wird vorzugsweise von Bundestagsabgeordneten übernommen. "Politik goes Pop. Also übernimmt ein Bundestagsabgeordneter die Preview einer neuen Staffel der Fernsehserie 'Ally McBeal'." (*Tagesspiegel*)

primetime
Die Primazeit zwischen 6 und 9 Uhr abends. In der Primazeit ist die Werbung teuer und die Unterhaltung billig. "Ebenfalls in der Primetime wird Roy Black, ein ehemaliger Sänger, ... ein Schloß am Wörthersee erben und ... eine Fülle lustiger Anekdoten erleben." (*FAZ*)

printer
Drucker. Der erste printer war Johannes Gutenberg (John Goodmountain) aus Mines.

private banking
Ein Super-Angebot der Deutschen -"one step ahead"-Bank. Man darf kostenlos sein Geld abgeben und bekommt für minimale Gebühren noch asset management und transaction services dazu.

production
Zerfällt in pre-production, production und post-production (das Erledigen der Post). Der Leiter der production heißt producer. "Als ich diesen Aufgabenbereich zur Zufriedenheit meiner Vorgesetzten bewältigt hatte, wandte ich mich der Sparte Sales Promotion zu

und wurde anschließend, einem lange gehegten Vorsatz entsprechend, selbständiger Producer." (*Darmstädter Echo*)

profit center

Ein center für profit. Darf in keinem Unternehmen fehlen. Das center für Verluste ist die defi-city.

promotor

Jemand, der promotet. Promotoren promoten Prolos, Prommis und Produkte: "Karajan war der beste CD-Promotor aller Zeiten." (*Spiegel*)

Mehrere promotoren zusammen ergeben einen Turbolader.

promotion

Der Vorgang oder das Ergebnis des promotens. "Etwa ein Drittel der Hersteller-Umsätze wird für Werbung und Promotion aufgewandt." (*Spiegel*) Promotete Personen dürfen den Doktortitel führen und sind schon von weitem an den Hüten zu erkennen.

Lit.: Stichwort "Promotion", in: Broder Carstensen: *Anglizismen-Wörterbuch*, Band 3, Berlin 1996.

provider

Anbieter, vor allem von services im internet. Provider zerfallen in access provider, mailbox provider, network provider und webspace provider. Access provider providen vor allem access, d. h. gateways für die user, mailbox provider providen mailboxen (Kung-Fu im Internet), network provider providen networks, und webspace provider providen webspace, also Gewebefläche, Darauf können dann die user ihre sites errichten.

Siehe auch "website".

Lit.: J. Abel: *Cyber Slang – Die Sprache des Internet von A bis Z*, München 1999.

public

Öffentlich, wie in "going public" (öffentliche Gonganlage), "public domain" (öffentliches Weingut), "public use file" (öffentliche Toilettenanlage), public relations (öffentliche Verwandte) usw.

Die Wissenschaft vom going public ist die publicity.

pull down menü

Abendessen für Computerprofis.

pumpgun

Eine gun zum Pumpen; kann in ungeübten Händen sehr gefährlich werden.

Lit.: "Mit Pumpgun drei Menschenleben ausgelöscht", *Spiegel Online*, 5. 7. 1999.

punch

Stark alkoholhaltiges Mischgetränk; schlägt selbst den stärksten Mann k. o. Wer einen punch verdünnt, heißt puncher.

push

Ein neuer Internet-Service für surf-faule user: “Um Push-Dienste (services) zu nutzen (usen), braucht man je nach Anbieter (provider) unterschiedliche Push-Clients, die es auf deren Homepage kostenlos zum Downloaden gibt.”

Lit.: “Gib Dir ‘nen Push”, *Money – Newsletter fürs eigene Finanzmanagement* (herausgegeben von der Nassauischen Sparkasse Wiesbaden), 1/1999.

Q

"Da hilft nur eins: Unser Büro-Quick-Lunch zum Take-out-Preis von Fr. 4,–. Ein rassiges, saftiges Round-Beef-Sandwich mit Bier oder Coca-cola."

(Anzeige in der Neuen Züricher Zeitung)

quality

Steigerung von Qualität wie das "high quality net" von E-Plus, oder die fashion-collection "modern classic quality" des Versandhausunternehmens Source: "Mode für Frauen mit Lebensart. Man genießt den dezenten Luxus anspruchsvoller Qualitäten ebenso wie den zeitlosen Chic in neuen Farbharmonien."

quality management

Das Management der quality. Besonders intensives quality management heißt auch total quality management (TQM). "Die Grundprinzipien sind Null-Fehler-Ansatz, strikte Kundenorientierung und Systemmanagement. Qualität im Sinn des TQM ist dann gegeben, wenn der Kunde mit der Dienstleistung des Lieferanten dauerhaft zufrieden ist."

Totale quality-Manager sind auch Profis im business reengineering: "Praktische Erfahrungen im Total Quality Management und/oder Business Process Re-Engineering haben unsere Senior Berater/innen als externe consultants oder in einem in-House-Team erworben."

Lit.: W. Vogt: "Total Quality Management in der Laboratoriumsmedizin", *Zeitschrift für ärztliche Fortbildung und Qualitätssicherung* 92, 1998, S. 715–721.

queen

Spielkarte beim Skat. Die anderen Figurenblätter sind king und knight. Wird auch als Ehrentitel für weibliche Skifahrer benutzt: "Die Schweizerin Vreni Schneider ... stieg durch ihr zweites alpines Ski-Gold endgültig zur alpinen Ski-Queen empor." (*Wiesbadener Kurier*) Die Ski-Queen von England ist die Queen Elizabeth.

quest

Dieser Anglizismus ist nur mäßig einzusetzen; könnte leicht als Angeberei verstanden werden. Heißt soviel wie "Reise, Suche, Pilgerfahrt" ("The Quest for the Holy Grail").

Lit.: H. Bergold: "Der Yukon Quest – 1000 Meilen Abenteuer", *Das Reisejournal für Apotheker und Ärzte* 1/1997.

quick

Kurz für "erquicklich" (Quick lunch = erquickliches Mittagessen).

quickie

Traditioneller altgriechischer Mädchenname (Quickie Leandros). In männlicher Form als Synonym für "shorty" üblich: "Der Quickie ist also gefragt, das Shorty, die 45-Minuten-Kurzweil, der tobsüchtige

Spaß. Game-Shows, die vom grellen Witz, vor allem von der Schadenfreude leben." (*Spiegel*)

quilting

Das, was man in einem quilt-workshop lernt: beim patchwork quilten etwa quilted der quilter oder die quilterin Stoffstücke (pieces oder patches) zu einem schönen patchwork-quilt.

Besonders quiltige quilts heißen auch fancy quilts. "Bei dem Versteigerungshaus Sotheby Bernet in New York kam ein sogenannter Fancy-Quilt aus Illinois ... für 10 000 Dollar unter den Hammer." (*Spiegel*)

Lit.: Kursangebote "Quilt Workshop – Circular Patchwork" und "Crazy Stripes" der Kreisvolkshochschule Hannover.

R

"No risk – but fun – Skate-Training gratis!"

(Eine gemeinsame Aktion von McDonalds und Fit-for-Fun-TV)

racen

Mundartlich für "langes Ausschlafen": Er hat den ganzen Tag geraced! Geübte racer racen bis zum Abendessen, andere sind danach total verraced.

racket

Ein besonders trendiger Tennisschläger, nur für cracker: "Wenn Boris Becker das Racket schwingt ..."

Ein männliches racket heißt auch racker.

rafting

Fortbewegung auf einem Floß. Zerfällt in river rafting und snow rafting. Beim river-rafting raftet man auf einem river: "Eine riesige Gaudi ist die River-Rafting-Tour auf der Saalach." (*Neue Westfälische*) Beim snow rafting raftet man auf snow. "In der österreichischen Tauernregion ... rasen die Trendsetter nun neuerdings auch auf glitschigem Gummi abwärts – zum Sechserpack (sixpack) gebündelt im schneetüchtigen Schlauchboot." (*Spiegel*)

Wie so oft im modernen lifestyle setting setten auch hier die Österreicher (the Austrians) den Trend.

Siehe auch “wakeboarding”.

ranger

(i) Führer einer Rangierlok; (ii) männlicher Halbstarker; (iii) geprüfter Natur- und Landschaftspfleger. “Anja Fischer gehört zu den 17 Rangern im Nationalpark Harz, die in der vergangenen Woche als erste in Deutschland die Ausbildung zum ‘geprüften Natur- und Landschaftspfleger’ abgeschlossen haben.”

Lit.: “Ameisen rascheln im Blätterhaufen”, *Hannoversche Allgemeine Zeitung*, 31. 7. 1999.

rail and fly

Fluche und fliege (to rail = schimpfen, lästern, fluchen). Nicht zu verwechseln mit “rail and road” (Fluche und rode).

Lit.: *Langenscheidts Handwörterbuch Englisch*, Stichwort “rail”.

ranking

Das Emporwuchern von Blüten und Blumen, oft an eigens angefertigten Gestellen.

rat setzt auf easy room

Rätselhafte Schlagzeile in der Hannoverschen Allgemeinen Zeitung vom 16. 7. 1999. Eine Umfrage unter 4 repräsentativ ausgewählten Bundesbürgern ergab die folgenden Interpretationen:

(a) Ratte sucht leichtes Zimmer (50 %)

(b) Fahrrad setzt sich leicht um (25 %)
(c) Stadtregierung befürwortet neues Zimmer-Reservierungssystem (25 %)

rate
Aufforderung zum Rätsellösen.

rating
Gemeinschaftliches Lösen von Kreuzworträtseln. (Nicht zu verwechseln mit brating = gemeinschaftliches Rösten von Bratkartoffeln.)

raven
Beliebte Aktivität auf rave-shows oder rave-parties. Manche raver können auch beim raven schlaven.

real estate
Wichtiges Geschäftsfeld der Deutschen Real Estate AG Bremerhaven und der Tschörner Real Estate GmbH Neu Isenburg. Real Estate Firmen (firms) developpen vor allem Objekte (objects) in der Nähe von airports wie dem Frankfurt Rhine-Mine-Airport. "Im ersten Objekt haben sich vor allem High-Tech-Unternehmen aus der Informationstechnologie niedergelassen, wie die Lufthansa IT-Tochter (daughter) Process Management", erklären uns die Consors News.

Weitere Infos bei contact@german-communications.com

receiver

Der, wo receivt. Lebt in steter Spannung mit dem server. Der bekannteste receiver heißt Unknown und liegt unter dem Arc de Triomphe in Paris begraben.

recorder

Der Inhaber eines Weltrekords über 100 Meter ist der aktuelle Recorder.

recovery

Eine Erholung. An der Börse wird das recovery oft von den Banken angeführt, sie sind die ersten bei dem break out aus der trading range.

Lit.: Interview mit Achim "Fatzke" Matzke von der Dresdner Bank AG in der n-tv Telebörse, 12. 8. 1999.

recruiting

Musterung. Ein wichtiges event für ausgesuchte Absolventen und Young Professionals: "Für etwa 120 ausgesuchte Absolventen und Young Professionals ließ sich das Recruiting Team im National Office in Zusammenarbeit mit der Recruiting-Agentur ACCESS ein besonderes Recruiting-Event einfallen." *(Aus Trends – Zeitschrift für KPMG Deutschland)*

Siehe auch "screening".

recycling

Gegen den Uhrzeigersinn im Kreis herumlaufen.

red-light-district

Beliebter Umschlagplatz für Drogen: "Zum Zeedijk, dem Red-Light-District und Drogenumschlagsplatz, geht kein Amsterdamer, dem sein Leben lieb ist, nach Einbruch der Dunkelheit. Immer wieder werden hier Touristen niedergeschlagen und ausgeraubt." (*Spiegel*)

Nach dem Niederschlagen und Ausrauben kommen die Touristen dann mit blue light in den spottlight-district; hier müssen sie bis zum Morgengrauen auch noch dumme Witze über sich ergehen lassen.

red net

Sensationelle neue Jugendinitiative der sensationellen Social Democratic Party of Germany (SPD). Außerdem in Planung: wet net (alkoholgefährdete) und nett net (besonders freundliche) Sozialisten.

Nicht zu verwechseln mit redneck net = Zusammenschluß von Hinterwäldlern.

re-engineering

Wiederholtes engineering. Das re-engineering von einem business heißt business re-engineering, das re-engineering eines business Prozesses heißt business process re-egineering. "Die Frage ist nur, inwieweit sich die in den USA und Japan entwickelten Management-Tools einer deutschen Verwaltung unkritisch überstülpen lassen und ob Modebegriffe wie Lean Management oder Lean Production nicht nur Worthülsen, sondern auch ernstzunehmende Alternativen sind."

Kein Wunder, daß selbst Profis hier ins Zweifeln kommen: "Re-engineering – ich weiß bis heute nicht, was damit gemeint ist." (Jack Welsh, Vorstandsvorsitzender von General Electric)

Lit.: W. Gielsdorf und H. Schweim: "Change Management in der Industrie", *Pharmzeutische Industrie* 61, Nr. 5 / 1999.

Reh – engineering

referee

Besonders guter Gutachter oder Schiedsrichter: "Ich bin Referee für das Journal of Irreproducible Results", "Der Referee hat das Spiel soeben abgepfiffen" usw.

Auch gewisse Nachteile der so segensreichen Anglizismen-Schwemme werden an dieser Stelle deutlich. Das Bekenntnis "ich referiere" kann z. B. verstanden werden als (i) ich begutachte, (ii) ich halte ein Referat, (iii) ich beziehe mich auf … und (iv) ich möchte wieder eingefrostet werden.

relationship manager
Standesbeamter.

relaunch
Comeback oder restart, wie der "Jahrtausend-Relaunch des Kultlabels und Markenzeichens Lurchi": "Salamander startet für Handel und Endverbraucher ein medienwirksames Comeback von Lurchi und seinen Freunden. Sie treten im ZDF als Präsentatoren, in Kindersendungen und Festen, auf die einzelnen Charaktere der Figuren zugeschnittenen Rubriken auf. Außerdem auf dem Fernsehgelände unterwegs und bei der Life-Sendung am 25. Juni anläßlich des großen Kinderfestes mit ca. 40 000 erwarteten Besuchern dabei, stellen Lurchi & Co. als Sympathieträger den Bezug zu Salamander-Schuhen her."

Auch AGs werden gerelaunched oder regelauncht: "Jetzt beginnt die AG einen umfassenden Relaunch" (Vorstandschef Christian Hellmann über die ehrgeizigen Pläne der Tomorrow Internet AG).

Nicht zu verwechseln mit Rehlounge = Wartesaal für Rehe oder relunch = Mittagessen für Wiederkäuer.

relaxen
Verschärfte Form der Erholung. Findet in relaxing sessions in eigens konstruierten relax-polstern statt.

Laxes relaxing heißt auch Entspanning; es kann auf normalen Polstern abgehalten werden.

remake

Nachgemachtes make-up. Bei dem viel gefeierten remake von King Kong z. B. wurden mehr als 20 Tonnen Schminke aufgetragen.

rent-a-car

Autovermietung für Rentner.

report

Typisches Produkt eines reporters (nicht zu verwechseln mit rap-ort = Diskothek für rapper). Reports zerfallen in technical reports, nontechnical reports, Kinsey reports, Schulmädchen reports und Oswald Kolle reports. Auch deswegen nennen viele das 20. Jahrhundert das report-age.

research

Wiederholtes searching. Das einmalige searching heißt auch forsching.

resort

Besonders vornehmes Freizeithotel. Es gibt mehrere Sorten von resorts: für wellness, für relaxing, für beauty (beauty-farms) und für business.

Der Vorreiter bei business resorts ist die Berliner Kempinski AG: "So ist vor allem der Resortbereich (das ressort resort) zu einem besonders wichtigen Bestandteil des Unternehmens geworden. Im Berichtsjahr stießen neben dem Kempinski Hotel Plaza ... zwei weitere Resorthotels zur Gruppe: Mit dem Ajman Kempinski Hotel & Resort nahe Dubai und Leela Palace Kempinski Goa erreicht das Unternehmen nicht nur eine neue Klientel, sondern zeigt auch seinen Stammkunden neue Wege für Freizeit, Urlaub und Business."

Lit.: "Zu den Grandhotels gesellen sich zunehmend Resorts", *Allgemeine Hotel- und Gaststättenzeitung* 24 / 1999.

response

Antwort auf eine besonders dringende Anfrage. Oft auf eigenen response sheets einzureichen. (Nicht zu verwechseln mit re-sponse = bei Nichtgefallen retournierte Braut.)

restart

Die Restbestände einer Kunstauktion. Werden oft an Altersheime oder an das Rote Kreuz gegeben.

retail

Der Schwanz eines noch nicht drei Jahre alten Rehs. Nur bei ausgesuchten retailern wie Spar und Edeka zu haben.

return

Ursprünglich "wiederholtes Turnen". Im Tennis, Tischtennis und Badminton auch ein nach dem Aufschlag (serve) des Gegners erfolgreich retournierter (returnter) Ball. An der Börse auch als der Ertrag eines investments aufzufassen. (Papiere, die nichts returnen, sammelt man am point of no return.)

Siehe auch "performance".

review

Der Blick in den Rückspiegel. Obligatorisch beim Wechseln der Fahrspur und beim Abbiegen in Nebenstraßen.

revival

Die Lehre von der Wiedergeburt des Jazz: "Im fieberhaft neuen Moden nachjagenden und wieder einmal heftig swingenden London wurde sogleich ein Jazzrevival ausgerufen." (*Spiegel*)

risk

Die Spezialität der Allianz Versicherung AG (Allianz Group): "Risk – covered by Allianz Group. ... Allianz. The power on your side."

Außer risks covered Allianz auch noch cars, lives und furnitures.

roadie

Ungehobelte, rüpelhafte Person. Arbeitet auf Pop-Konzerten gern als Bühnenwächter: "Komm ins Team! Wir starten in die Eventsaison 1999/2000 mit einer Großveranstaltung am 18. September und suchen: Roadies, Food&Beverage Staff, Promoter." (Anzeige der Albrecht-Messe- und Veranstaltungsagentur in der *Hannoverschen Allgemeinen Zeitung*, 24. 7. 1999)

roller coaster
Besonders haarsträubende Achterbahn: "Der haarsträubende Roller-Coaster, neu und einmalig. Im neuen Ruhr-Park Bottrop-Kirchhellen (Hollywood in Germany)."

rooming in
Das Gegenteil von ausräumen (rooming out). Vor über 20 Jahren, 1978, war das das "Wort des Jahres", inzwischen ist es fast schon wieder ausgestorben (rooming in ist out).

rope skipping
Die neue Sportart im Deutschen Turnerbund. Ersetzt das altmodische sack hopping: "Rope skipping in einer 5. Klasse: 1. Stunde: Einführung in das Rope Skipping. 2. Stunde: Erlernen des Grundsprunges des Rope Skipping. 3. Stunde: Partnersprünge. 4. Stunde: Doppelseilsprünge – Double Dutch."

Siehe auch "kite surfing"

Lit.: N. Baumann: Rope Skippine – eine neue Form des Seilspringens, in: Lehrerbriefe, GUV.

round table
Die Alternative zum square table. Häufiger Mittelpunkt von heißen Diskussionen und Debatten.

running with a dream
Der offizielle Song des deutschen Soccer Teams beim Worldcup 1998:

Running with a dream
Burning deep inside,
Don't let them bring you down,
Don't let the chance go by.
Running with a dream
Only we can show
How far this road will lead
And what it means
To be running with a dream.

"Mit diesem Song sollen sich unsere Fans identifizieren," meinte Bundestrainer Berti Vogts."Er ist gleichzeitig Ansporn für unsere Jugend, weil er von einem Traum erzählt, der Wahrheit wird."

rush hour

Die rasche Stunde. Dauert aber immer öfter immer länger: "Die Rush-hour kann bis Mitternacht dauern." (*Stern*) Manche Autofahrer werden sogar morgens in der Frühe von der rush hour überrusht.

Siehe auch "happy hour".

S

"Sportsfun-Fete mit box climbing, bungeejumping, treasure diving, beach volleyball, punt, pass und kick"

(Ankündigung eines Sportfestes der Kasseler Goetheschule, Sommer 1999, unter dem Motto "Sun and fun for everyone"

safety first

Sicherheits-Dachbalken.

Siehe auch "first lady".

salary cap

Sellerie-Mütze. Wird auch – mehr oder weniger erfolgreich – zum Feuerlöschen eingesetzt: "Dass die UEFA den Brand durch den geplanten Salary Cap löschen kann, wird in der Bundesliga ... stark bezweifelt."

Lit.: "Salary Cap – Die UEFA plant Gehaltsobergrenze für Profis", *Hannoversche Allgemeine Zeitung*, 20. 9. 1999.

sale

Sonderverkauf. Auf sales salen saler vor allem shopkeeper (Ladenhüter) und Ramsch. Der beliebteste sale in Germany ist der summer finish sale.

school

Staatlich geförderte Einrichtung zur Vermittlung kultureller Basiskompetenzen. Schools zerfallen in law schools, low schools und high schools. Besonders geschäftige schools heißen auch business schools.

Zur school fährt der moderne schooler mit einem school ticket aus dem Angebot des Verkehrsverbunds Rhein-Ruhr: SchoolTicket, SchoolTicket + School extra, YoungTicket, YoungTicket + Young extra. Außer er tickt nicht richtig.

Siehe auch "university".

Lit.: "Wahlmöglichkeit ab März: SchoolTicket oder YoungTicket?" *Dortmunder Stadtwerke Publik*, 1 / 1999.

school arts for nature

Ein innovatives Projekt der Bezirksregierung Lüneburg; mit ihrem "School Arts for Nature" Wettbewerb (contests) sucht sie die "School Arts for Nature-Schule (school)"; "Gemeinsam mit den beteiligten Schülerinnen und Schülern sowie allen interessierten Bürgerinnen und Bürgern soll vor Ort (und Örtinnen) ein Dialog im Sinne von 'Global denken – lokal handeln' in Gang gesetzt werden, um Umweltschutzmaßnahmen durch Unterstützung von vielen Kooperationspartnern in Angriff zu nehmen." Näheres bei Eberhard Adam, Umweltberater für Schulen im Regierungsbezirk Lüneburg, Auf der Hude 2, 21339 Lüneburg, Tel. 04131–152784; Fax 04131–152896.

Der medizinische Betreuer dieses Projektes ist der school arts artst.

Lit.: "School Arts for Nature", *Bremer Tageszeitung*, 22. 6. 1999.

science center

Ein neues highlight der freeen hansecity Bremen on the Weser. Science zum antouchen für everybody, mit science schopp und panorama lounge! Vorverkauf (presales) und Infos bei Bremen Service Hotline 0 18 05-10 10 30.

score

Scores entstehen durch scorer mittels scoring. ("Wo bleibt im deutschen team ein scorer wie Allen Shearer?") Sie zerfallen in highscores und lowscores. Ein 10 : 0 ist beim Fußball ein highscore, beim Basketball ein lowscore, und beim nächtlichen Aufsuchen des Schlüssellochs ein noscore.

screening

Vorstufe des assessing. Beim screening wird nur gescreent, aber beim assessing wird assesst.

Siehe auch "assessment center".

seat

Zum VW-Konzern gehörender spanischer Autobauer. Produziert als weltweit erster auch PKWs mit eingebautem Klo (toilet seat).

Siehe auch "cradle seat".

second hand

Der kleinere Bruder von Old Shatterhand. Von Papst Usedkar II. anläßlich der 3. Recylingtage in Bad Oeynhausen zum Schutzpatron der deutschen Flohmärkte geweiht.

Siehe auch "shakehands".

secret

Eine "durch Sekretion (Absonderung) abgegebene Flüssigkeit, die im Gegensatz zu den Exkreten bestimmten Aufgaben im Körper dient." (Brockhaus) Das neue Secret Deodorant mit seinem "Dry Advance Secret Clear Dry Deodorant Nature Fresh Stick" dient z. B. der Trockenhaltung unserer Achselhöhlen.

service point

Die vormalige Auskunft. Wird aber wegen zahlreicher Beschwerden vor allem älterer Bahnreisender im Zuge der neuen Service-Orientierung der Deutschen Bahn AG jetzt service point genannt.

server

(i) Aufschläger beim Tennis; (ii) Brettsegler; (iii) der, der serviert; (iv) Zentralrechner.

Ein server, der nicht served, ist out of service.

Siehe auch "receiver".

session

Abschnitt, Abteilung, Sitzung, je nachdem. Sessions zerfallen in foto-sessions, jam-sessions, ob-sessions und po-sessions (foto-sessions für Herrenmagazine).

setteln

Der Inhalt der zweiten Lebenshälfte: "Wambaugh ist gesettelt. Mit seiner Frau Dee und den adoptierten Söhnen Mark und Davis lebt er in San Marino unweit von Los Angeles." (*Bild am Sonntag*) Auch Fragen bedürfen des settelns: "Vier Jahre reichen ... nicht, um die deutsche Frage zu setteln." (*Spiegel*)

Das Ergebnis des settelns ist das settlement.

set-up

Aufsatz.

shakehands

Anfangsstadium der Parkinson-Krankheit, gefolgt von shakelegs und shakeheads.

shaker

Schäker. Shaker erkennt man daran, daß sie andere Leute gerne mit Hasenschwänzen behängen: "Der Schäker, merkt man leicht, will nur mich und den Leser gern mit Hasenschwänzen behängen." (Jean Paul: *Hesperus*). Ansonsten shaken shaker lieber Milch (milk): "Kräftig shaken!" (Aus der Kaba-Milchshake-Werbung)

shares

Neudeutsch für "stocks". Werden im Nemax all share index eingesammelt. Der holder eines shares ist der shareholder, und die Brieftasche eines shareholders ist der shareholder value.

sheriff fingers

Wurden menschenrechtswidrig von der Fleischerei Leyser in Birkenfeld, Wasserschmiedestr. 40, im Rahmen einer Westernaktion für DM 14,90 / kg zusammen mit Cowboysohlen (DM 12,90 / kg), Desperado-Steaks (DM 12,90 / kg) und Pepper Sticks (DM 9,90 / kg) an vagabundierende Kannibalen verkauft. Ein Fall für den Staatsanwalt?

Siehe auch "fingerfood" und "head hunter".

Lit.: *Birkenfelder Anzeiger*, 7. 7. 1999.

shirts

Freizeitkleidung. Zerfallen in big shirts, ripp-shirts, rib-shirts, T-shirts, polo-shirts, sleepshirts, sweetshirts, sweatshirts und das letzte shirt.

shockumentaries

Zusammen mit dem disastertainment der letze Schrei (the final cry) im modernen pay- und free-tv: "Nicht anspruchsvolle Tierfilme (animal movies) machen den weltweiten (world-widen) Dokumentations-Boom aus, sondern Spielarten, die die Branche als 'Shockumentaries' und 'Disastertainment' bezeichnet."

Besonders shocking: shockumentaries, die sich als inventories entpuppen.

Lit.: "Shockumentaries & Disastertainment", *Werben und Verkaufen* 18 / 1999.

shoes

Traditionelle abendländische Fußbekleidung. Zerfallen in kids' shoes, fashion shoes, international fashion shoes, indoor shoes, outdoor shoes, running shoes men, running shoes women und women's fitness shoes (aus einer Werbebeilage der Karstadt AG) sowie in body shoes (fast so bequem wie barfuß gehen – Quelle Katalog). Daneben gibt es noch sneakers, pumps, Schnürboots, gogo-boots, adventure-boots (Galeria Kaufhof), biker-boots, moon-boots, worker-boots, slippers, high-heels, city-slicks, hushpuppies und clogs (Schuhe für Klöckner).

Siehe auch "foot wear".

shooting star

(i) ein wegen Mordes angeklagter Filmschauspieler; (ii) gefeierter Meisterschütze; (iii) Sternschnuppe; (iv) sehr schnell zu Ruhm und Ehre kommende Person des öffentlichen Lebens. ("Der Shootingstar unter den Designern bekam Standing Ovations für die supercoolen Outfits im trendigen Relax-Look"; "Fatty Carbuckle, der shooting star der internationalen Catcherszene" usw.)

shoot out

Findet meistens im Rahmen eines showdown statt: Die Kontrahenten versuchen sich gegenseitig zu ershooten; beim ersten Treffer ist der shoot out out.

Siehe auch "showdown".

shopping

Ersetzt das früher übliche Einkaufen. Ist anders als dieses aber ein "sinnliches Erlebnis", wie in den neuen L-Stores (L = Lust for Life) der innovativen Kaufhof-Gruppe (shopfarmgroup).

"Als Kernzielgruppe sind lebensbejahende, einkommensstarke 25- bis 45jährige freizeitorientierte Konsumenten im Visier." Diese lebensbejahenden, einkommensstarken 25- bis 45jährigen freizeitorientierten Konsumenten (consumer) dürfen in den Kaufhof L-stores shoppen, bis sie droppen. "Neben Business und Casual Wear werden hier Outdoor und Indoor Sportmarken präsentiert ... Dazu gehören Funsport und Szenemarken ebenso wie Skates und Boards – als Highlight wurde eine Skatebahn zum Sofort-Check der Produkte eingerichtet."

Siehe auch "store".

Lit.: "Shopping zum sinnlichen Erlebnis machen", *Horizont* 38 / 1998.

shorten

Fachausdruck aus dem Börsenwesen; nur mit großer Vorsicht zu verwenden. Wer dieses schöne Wort im Sinn von "etwas kürzer machen" einsetzt ("Lanson, der shorter von Paris") ist bei Börsenprofis schnell als Sparbucheigentümer abgestempelt.

Shorten heißt: eine Sache verkaufen, die man gar nicht hat. Dafür gibt es im Alltagsleben Gefängnis nicht unter einem Jahr, aber an der Börse kann man damit Geld verdienen.

Siehe auch "margin".

show
Abendveranstaltung mit Musik. Findet häufig während der showtime statt. Der Moderator von Abendveranstaltungen mit Musik ist der showmaster oder shower.

shower
Plötzlicher heftiger Niederschlag.

showdown
Die natürliche Folge des show up. Garantiert Schlagzeilen und dient zur unaufgeforderten Offenbarung von Akteuren. "Wurden Interna früher meist in der Tat geheimgehalten, offenbaren sich die Akteure heute nicht selten unaufgefordert. Das große Showdown garantiert Schlagzeilen."

Sollte einer der Akteure beim show-up nicht upshowen (no-show), muß das showdown gecancelt werden.

Siehe auch "shoot out" oder "latecomer".

Lit.: "Hauen und Stechen – Der Kunst- und Konfliktbetrieb", *Kunstzeitung*, Mai 1999.

shuttle
Mixbecher für Mixgetränke. Darin werden die Zutaten kräftig hin- und hergeshuttelt.

sick building syndrom
Eine häufige Krankheit bei modernen Häuslebauern: Sie werden vom vielen builden ganz sick!

sideseeing
Auch "sightseeing". Die Kunst, beiseite zu sehen. Wird vor allem an touristisch interessanten Orten sehr gepflegt, man könnte sonst im Gedränge all der Leute nur noch den Rücken seines Vordermannes sehen. "Die wenigen Gespräche ... ließen den Grünen genug Zeit für ausgiebiges Sightseeing." (*Spiegel*)

single
Vorstufe zum double. Der Prozess ist umkehrbar, dann werden aus einem double wieder zwei singles.

site
Besonders attraktive Seite, auch im Internet.

sit-in
Beliebte Tätigkeit bei schlechtem Wetter. Im übertragenen Sinn auch: Absitzen von Gefängnisstrafen.

sitemap
Seitenmappe. Vor allem websites sind ohne sitemaps heute nicht mehr vorzustellen.

sixdays
Eine Weiterentwicklung der bekannten five days: "Experten meinen, die Berliner Six Days werden nur von dem Paar gewonnen, das die Schweizer Kamber / Keller schlägt." (*Die Welt*)

sixties

Die Dekade zwischen den fifties und den seventies. Die Leute, die damals in ihren fourties waren, sind jetzt dicke in den eighties.

skaten

Altes deutsches Kartenspiel. Das schnelle skaten heißt auch speed-skating (ähnlich: Blitzschach = speed-schaching).

skills

Besonders nützliche Fähigkeiten. Zerfallen in soft skills, hard skills und ski skills. Soft skills sind Dinge wie Mobilität oder Belastbarkeit, hard skills sind Kenntnisse in Englisch oder EDV. Am hardesten sind die kill skills; sie sind bei der Gesellenprüfung für das Metzgerhandwerk nachzuweisen.

Siehe auch "assessment".

skyline

Der direkte Draht zum Himmel. Gehört dem Papst. Oder auch nicht: bei einem Papstbesuch soll – einem bekannten Scherz zufolge – Helmut Kohl ein goldenes Telefon gesehen haben: "Darf ich mal?" Er wählt, hat Gott am Telefon und legt vor Überraschung gleich wieder auf. "Eine Million Lire", sagt der Papst. Etwas später sieht Kohl bei einem Staatsbesuch in Israel ein ähnliches Telefon auf dem Schreibtisch von Shimon Peres. "Darf ich mal probieren?" Er probiert und spricht eine Stunde mit dem lieben Gott. "Was kostet das?" fragt er. "5 Schekel." "Das ist aber billig", sagt

Kohl. “Beim Papst habe ich für ein viel kürzeres Gespräch viel mehr bezahlt.” “Ja”, sagt Peres, “das hier war ja auch ein Ortsgespräch.”

skywalk

Besonders prächtige Fußgängerbrücke, wie die auf dem Expo-Gelände in Hannover – fast drei Meter über der Erde, man walkt quasi durch den sky!

Lit.: “Noch ein Skywalk”, *Hannoversche Allgemeine Zeitung*, 5. 8. 1999.

sleepers

“Die perfekte Allround-Wäsche zum Wohlfühlen, Relaxen und Abschalten” (aus einem Prospekt der Firma Sinn – Ihre Marke für Mode): “Legere Schnitte und kuschelige Stoffe lassen die Nacht zum Tag werden.”

Deshalb können viele ohne sleepers nicht mehr sleepen!

slip-anlage

Deutsch für “boat ramp” = Anlage zum Wässern von kleinen bis mittelgroßen Segelbooten. Nicht zu verwechseln mit Slip-Einlage.

slogan

Beliebter Vorname auf dem Balkan. Der berühmte Slogan “Der Ball ist rund” bestritt für Montenegro über 100 Länderspiele.

slopestyle

Hangstil. Beliebtes snowcity entertainment beim opening von ski resorts. "Nach dem Carver-Aufschwung könnte in diesem Jahr Slopestyle den Run auf die Pisten weiter verstärken." (*Focus* zum winter warm up in Ischgl)

slow motion

Kurz auch slomo. Dagegen klingt "Zeitlupe" reichlich ausdruckslos und platt.

small talk

Do-it-yourself talk-show, kann schon mit geringsten Mitteln abgehalten werden.

smart

Das smarte City-Coupé für smarte bunte Smarties. Aber auch Rasierklingen (Wilkinson) oder Männer ("smarter Mittdreißiger mit Weste und Krawatte") sind smart und lassen Frauenherzen smarten.

smarties

Kurz für "Träger von smart ties". "Vom Südwestfunk und seinen 'Telespielen' verabschiedete sich, Richtung Mainz, ein sonniger Smartie, der verzagten Alten den Glauben an die deutsche Jugend zurückgegeben hat." (Der *Spiegel* über Thomas Gottschalk)

"Ehrlich, Disko-Jugend und Union, das geht zusammen, nicht zuletzt deshalb, weil die Smarties aus dem Adenauerhaus dafür sorgen, daß Optik und Akustik stimmen." (Der *Spiegel* über die wilden Jungen in der CDU)

Viele ehemalige Polit-Smarties wie Gerhard Schröder oder Matthias Wissmann leben heute von öffentlicher Unterstützung.

Lit.: Stichwortartikel "Smartie" in Broder Carstensen: *Anglizismen-Wörterbuch*, Band 3, Berlin 1996.

snacks

Kleine Kleinigkeiten am Rande einer Party. Nützlich zum Werben neuer Kunden: "Mit Kleinpackungen und neuen Snacks für zwischendurch erschloß sich das Unternehmen neue Zielgruppen." (*Spiegel)*

sneakers

Turnschuhe. Zerfallen in hardcore sneakers, skate-based sneakers und basic sneakers ("Tactic – ein clean designeter Basic Sneaker"). Einige "Big players im Sneaker Biz" wie die labels Osiris oder Globe oder die ES Footwear Company (ein "High End Skatesneaker Brand") können mit einem cleanen shape design sogar noch heute old school style sneakers im future retro style verkaufen!

Siehe auch "shoes".

Lit.: Herbstkatalog der Firma Frontline Clothing, Lilienstr. 16, 30167 Hannover (Hotline 05 11 – 70 12 70, Fax 05 11 – 7 01 27 27).

snowboard

Männliches Potenzsymbol. Vor allem bei Raver-Typen mit XXL-Jacken und Maxi-Hosen häufig anzutreffen: "Die Raver-Typen mit ihren XXL-Jacken und Maxi-

Maxi-Hosen haben längst auch die Amateurpisten von Aspen bis Gstaad erobert, und selbst ältere Semester steigen von Doppel- auf Mono-Ski um." (*Bunte*)

Snowboarder, die ihr snowboard boarden, carven, cruisen und sliden durch den snow. Einziger Nachteil: sie haben nur eine halbe Pfeife.

soap

(i) Hygieneprodukt zur körperlichen Reinigung; (ii) Fernseh-Serie im Nachmittagsprogramm.

Nicht zu verwechseln mit soup = Fernseh-Serie im Vormittagsprogramm ("so früh schon up").

soccer

Populärer deutscher Mannschaftssport. Wird auf Straßen (streetsoccer), in Hallen (indoor-soccer) und auf Rasenplätzen (lawn soccer)gespielt.

Ein soccer-team besteht aus einem keeper (goalie), einem coach und playern. Pro match gibt es zwei teams, das team mit den meisten goals ist der winner. Ein match dauert 90 Minuten, mit einem kurzen break bei halftime. Ist der score am Ende even, wird das match in overtime durch golden goal entschieden (ersatzweise auch durch shoot-out mittels penalties).

Bei mehr als zwei teams gibt es ein tournament. Das bekannteste tournament ist der world cup. Der world cup besteht aus einer first round, den playoffs, den semifinals und dem final. Der winner des finals ist der world cup champignon.

soft

Eine eher sympathische Eigenschaft einer Person oder Margarine (Flora Soft): softies, softeis, softei, soft-bikinis, soft-cream, soft computing (nicht zu verwechseln mit saft computing = Rechenzentrum einer Orangensaft-Fabrik), "light & soft" (besonders weiche, flexible Markenschuhe mit Lederfutter und Lederdrucksohle aus dem Quelle-Katalog), softball, softdrink, softpornos, softboots, softsongs, softsänger, softrocker, soft price ("Top PC-Games mit dem richtigen Fun-Faktor. Kleiner Preis – großer Spaß. Die neue SOFT-PRICE-Reihe, jetzt im Handel"); soft cover compact make-ups, softforming, software usw.

Deshalb hört man soft so oft: "Rosa Precht hat ein sicheres Gespür für softe Lieder" (*Stern*); "Harry Poppies – die duftigen Softbrötchen von Harry für Hamburgers, Cheeseburgers, Hot Dogs" (*Neue Westfälische*); "Mit schmalzigen Softrock-Liedern betört der Ire Chris de Burgh ein wachsendes Publikum in Deutschland" (*Spiegel*) usw.

Am softesten von allen ist aber die Firma Winzigweich (Microsoft): sie bietet Software selbst für Büstenhalter an: "Mittelträger-BH in hübscher Form. Die Brustuntercups sind aus weicher Soft-Ware, die Brustobercups sind aus einer dekorativen Spitze gearbeitet." (*Neckermann Katalog*)

Die Brustmittelcups heißen auch buttercups.

Lit.: Stichwortartikel "Soft", in: Broder Carstensen: *Anglizismen-Wörterbuch*, Band 3, Berlin 1996.

sorry

Kurz für: "Entschuldigen Sie please, I am werri sorry."

soul
Hauptstadt von Südkorea und Heimat der Soul-Musik.

source
Gesprochen "surze". Neuer, leichter verständlicher Name für das Versand- und Kaufhaus Quelle. ("Die Quelle ist die Sprache aller Mißverständnisse.") Nachdem der Katalog des Hauses nur noch in englisch vorliegt, hat die Hauptversammlung einem entsprechenden Antrag des Konzernvorstandes mit großer Mehrheit stattgegeben.

Bei Surze gibt es seersucker, big-fork-Gabeln, sling pumps, contrast zips und books. Zu den special offers in der Surze "World of Fashion" gehören blue-bleached jeans und work-out jeans, Schnürstiefel im Trekking Look, lighte und softe Markenschuhe, Stricklumbers sowie color blocking shirts mit allover flock print, sowie weitere top-hits und nice-price Angebote für Sie, Ihn und die Kids.

Natürlich wollen die Konkurrenten Höhtie ("Visions of the East") und Karstadt hier nicht abseits stehn; sie bieten ihre Waren nunmehr auf Chinesisch an. "Auf der Welt gibt es über eine Milliarde Chinesen; wenn nur 1 Prozent davon bei uns kaufen, hat sich diese Umstellung bereits gelohnt", teilt uns die Firmenleitung mit.

spare-ribs
Sonderangebot beim Metzger.

special

Gesprochen "speschel". Etwas besonderes. Es gibt speschel rates, speschel guests und speschel tours. Bei der "Speschel Tour 4 Tage" von Rainbow Tours kann man im mexikanisch gestylten Santa Fe-Hotel am swimming- oder whirlpool relaxen und als weiteres highlight im Disney village open air shows viewen.

Die Steigerung von speschel ist "werri speschel".

specialist

Kurz und knapp für "Spezialist". Specialists zerfallen in customer support specialists, system support specialists und system implementation specialists (aus dem *FAZ*-Stellenmarkt).

Siehe auch "engineer."

speed

Das, woran Mädchen Spaß haben: "Im Hessenstädtchen Hainburg haben Mädchen einen Motorradklub nur für Frauen gegründet. Sie haben Spaß am Speed, reparieren ihre Motoren, wollen wie Stammtischbrüder unter sich sein." (*Die Zeit*)

Die Mädchen haben auch eine Klubkasse; wer sich beim Klubabend verspeeded, zahlt 10 Mark auf ein Spendenkonto für speedaussiedler.

spinning

Tretradfahren im Fitness-Studio. Wichtig für das GoGo feeling (nicht zu verwechseln mit GaGa feeling). Mit dem strength-trainer und verschiedenen mindbody-Übungen (exercises) ein wichtiger Teil der flexibility Grundausbildung im wellness Bereich. Denn ohne spinning kein entspanning!

spirit

Göttliches Wesen (holy spirit) und Schutzpatron der Börsenhändler: "The spirit of new investing" (Motto der Consors-Discountbroker AG). Nicht zu verwechseln mit teamspirit = Alkohol für alle.

splitting

Findet vor allem unter Ehegatten, aber auch bei Bundestagswahlen statt: Der splitter / die splitterin gibt seine / ihre Erststimme der SPD, die Zweitstimme der FDP: "Zum einen ist das Splitting eingesetzt worden, um die FDP stärker zu machen und zugleich den SPD-Kandidaten zum Erfolg zu verhelfen." (*Die Zeit*)

spoiler

Der, der spoilt. Ein einziger Tropfen Essig kann z. B. eine ganze Karaffe Rotwein spoilen.

sponsoring

Geschieht im wesentlichen durch sponsors, die events wie "Sounds of Goethe and Nietzsche" ("Sounds of Gossi and Neechy", VW-sound foundation festival, Weimar 1999), aber auch Fußballspiele (soccer matches) sponsern: "Die von Magirus Deutz gesponserten Bullen des FC Bayern München überrollten letzte Woche die Flaschen von Cosmos New York." (*Spiegel*)

Kein Tor ohne Sponsor!

spot-price
Besonders preiswertes Angebot.

spots
Kurz für Werbespots (commercials). Nicht zu verwechseln mit Spotz = alter Spatz.

sprayer
Einer, der sprayed. Nicht zu verwechseln mit einem, der prayed. Aber die Zukunft gehört eindeutig den sprayern: "Eines Tages werden Sie auf Ihr Grundstück gehen, ein paar Flaschen dabei haben und aus der Hand ihr neues Haus hinsprayen." (*Rundfunk und Fernsehen 1968*)

spring
Wird oft von böswilligen Zeitgenossen als Appell zum Springen mißverstanden. "Heute ging ich an den Schaufenstern Ihres Herrenhauses vorbei, um mir Anregungen für einen geplanten Anzugkauf zu holen", schreibt Herr Dr. M. an das Kaufhaus B. "Leider fand ich dort nur eine 'Spring und Summer collection'. Ich bin jedoch kein Sportler und kann daher nicht springen, und schon als Kind war ich vom Singen befreit und kann daher auch nicht summen. Deshalb gehöre ich wohl auch nicht zur Zielgruppe Ihres von mir bisher sehr geschätzten Hauses."
Lit.: "Spring in the city," *Neue Westfälische*, 28. 4. 1999.

stakeholder
Eigentlich steakholder: Spezieller Haltegriff für steaks.

stand by

Das Kaufen im Stehen (eigentlich stand buy).

standing

Ein Ding, das steht. "Sein eigenes Standing und das Gewicht seines Landes überschätzend, war Craxi nach dem Treffen überzeugt, daß die Amerikaner sich den Angriff auf Libyen noch einmal überlegen würden." (*Spiegel*) Auch als Italiener sollte man sein standing niemals überschätzen!

standing ovation

Ovatieren im Stehen. Wird gerne nach langem Sitzen in Konzerten vorgenommen.

start-up

Zerfällt in gewöhnliche start-ups und ungewöhnliche start-ups. "Es ist kein gewöhnlicher start-up, wenn zwei erfahrene und erfolgreiche Player im härtesten markt (market) der Welt (of the world) ihre Kooperation besiegeln (their cooperation confirmen tun)." (Zeitungsanzeige anläßlich des Kooperationsabkommens von Siemens und Fujitsu)

statement

Wird nur von wichtigen Persönlichkeiten abgegeben (VIPs). Andere halten Ansprachen oder Reden, nehmen Stellung, legen etwas dar, teilen etwas mit, sagen etwas aus, geben eine Erklärung oder reden einfach dummes Zeug.

Ein statement unter einem statement heißt auch understatement. Ein overstatement dagegen ist das Überziehen eines Kontos (accounts).

stay brave

Immer schön brav bleiben! Ein Appell der Firma Sch(r)ott Glas AG in Maince on the rhine (Sch(r)ott – glass made of ideas). Ein anderer Sch(r)ott Werbespruch: "Stay optimistic!"

stocks

Stöcke. Werden auf stock markets gehandelt. Der größte stock market ist die New York stock exchange. Ein stockender stock market ist verstockt.

Siehe auch "shares".

stop and go

Dienstanweisung für Schiffschaukelbremser.

store

Modernes Kaufhaus. Hier wird nicht eingekauft, sondern geschoppt. Ein store hat einen Store-Manager, einen Store-Guard, in der Regel mehrere stories, und Storetessen (Verkäuferinnen). Musik und Entertainment, alles, was hipp und trendig ist, findet man in einem Store. "Im Erdgeschoß des 12 000 Quadratmeter großen Stores gibt es neben der young Fashion für Damen (auch) eine Lebensmittel-Convenience-Abteilung."

Eine Lebensmittel-Convenience-Abteilung hat natürlich ein normales Kaufhaus nicht.

Kaufhäuser für spezielle Kunden (customers) sind Aral-Stores, homestores, drug-stores, concept stores, hardware-stores, stores stores (Stores für Vorhänge), army&navy stores, mega stores, multistores, in-scene-stores, lady-stores und manstores (Wäsche für Männer, Herrenstraße 23, Karlsruhe).

Der store aller stores ist natürlich der Lust-for-Life-Store der innovativen Kaufhof AG: "Kaufhof proudly presents: Lust for Life, der neue Store für eine neue Zeit" (*Werben und Verkaufen*). In L-Stores feiert das L-Store Team "eine neue Sinnlichkeit des Shopping – exklusive Designer, Trendmarken, ein Store-eigenes Radio, ungewöhnliche Service-Ideen, großzügige Ruhezonen, drei separat zugängliche Gastro-Einheiten ... und ein Sortiment aus allem, was in jedem Alter Lust (lust) macht: Mode (fashion), Sport (sport). Musik (music), Entertainment (entertainment), Homestore (hamster), Kosmetik (cosmetics), Electronic (electronics), Trendsports (golf), Kultur (culture)", berichtet Magnus Swaczyna von der Kölner Werbeagentur TouChee, die diese genialen Ideen ausgearbeitet hat.

Siehe auch "urban entertainment center".

Lit.: "Shopping zum sinnlichen Erlebnis machen", *Horizont* 38/1998.

straight

Abartige sexuelle Veranlagung. Mit straighten Männern sollte eine Frau sich besser öffentlich nicht sehen lassen. "Ich bin sozusagen der Straight-Man der Gruppe. Ich sehe aus wie ein Trauzeuge, ich bin nur in bestimmtem Rahmen eine Glamour-Figur, ich sehe eben am besten aus in maßgeschneiderten Anzügen." (*Sounds*)

streetworker

Straßenbauarbeiter. Wird aber zunehmend auch von Akademikern wie Hochschulabsolventen der Sozialpädagogik als Berufsbezeichnung übernommen. Streetworker organisieren events für kids, wie z. B. streetsocker-tournaments.

stretching

In die Länge ziehen. Festreden etwa können sich zuweilen über Stunden stretchen.

stroke unit

Spezialeinheit für Schlaganfall-Patienten. Die Umbenennung in "stroke unit" soll vor allem amerikanischen Touristen helfen, die in Deutschland Opfer eines

Schlaganfalles werden: "Could you kindly show me the way to the nearest stroke unit, please?"

stunts

Wichtiger Teil von movies. Werden auch von stuntmen in stuntshows gezeigt. Eine wichtige Aufgabe hat dabei der stunt-coordinator, der dafür sorgt, daß die stunter sich nicht verstunten.

styling

Zerfällt in super styling ("Starke Farben, super Styling, toll elastisch. Mix & Match ... Die junge Wäsche von Bamboo kann sich sehen lassen"), klassisch-pures styling, easy styling, retro-styling (das styling von Dingen, die schon einmal gestyled worden sind), hair styling ("Strong Styling Creme von Schwarzkopf: Wie ein Haarspray, nur stronger!") und Fahrrad-Styling: "Genau dahin zielte Yamaha mit seinem jetzt vorgestellten Leichtkraftrad, das im Styling und in der technischen Konzeption ..."

Gestyled werden neben Unterwäsche, Fahrrädern und Haaren auch Autos, Aktenkoffer, bodys oder Buttermilch-Produkte: "So stylt beispielsweise die Aretsrieder Molkerei Alois Müller ihre Multivitamin-Buttermilch zum kostbaren Therapeutikum hoch." (*Spiegel*)

Das Ergebnis eines stylings ist der style: Softstyle ("Bikinis im Softstyle, ganz ohne Einlagen"), American style ("Flottes Herren-Freizeithemd im beliebten American-Style mit dem modischen Madrasstreifenmuster"), city-style, country-style oder Pilotenstyle ("Herren-Lack-Anoraks im Pilotenstyle, geschmeidig gelackte Nylonware").

Konsequentes styling heißt auch durchstyling, übertriebenes Styling heißt auch overstyling: “Zu Raddatz’ Unarten gehört, daß er overstyled. Zuviel preßt er zu schnell zusammen.” (*Frankfurter Rundschau*)

Lit.: P. Reichard: *Werbers Deutsch: Marketing Slang von A-Z*, Frankfurt 1996.

sudden death

Tragisches Ende eines Eishockeyspiels, wenn der Schiedrichter (referee) vom Puck getroffen wird: “Turniersieger wurde schließlich Rot-Gelb Kaufbeuren, das gegen den EFC Füssen bis zum Ablauf der regulären Spielzeit einen 0:2 Rückstand egalisieren konnte und dann beim spannenden sudden death zum 3:2 Sieg kam.” (*Westdeutsche Zeitung*)

summary

Eine Spezialschule für Summer (summer school).

summer

Gesprochen “sammer”. Die Jahreszeit nach dem spring. “Endless Summer – Und der Sommer geht weiter” annonciert die Firma Rainbow Tours ihre Wochenend-Ausflüge nach Berlin (zu “Mega Events auf 2 Areas: GoGoes und all-styles-DJs legen für euch auf!”).

sun

Leuchtendes Zentralgestirn. Wirkt als Sympathieträger in zahlreichen Zusammensetzungen und Werbesprüchen mit: Sun and fun, sunshine tarif, sun-tops, sunmilk, sun-roof ("Gut lachen mit Original Schellhorn Sunroof"), sunny side, sunnyboy, sunday, sun-il …

Aber auch warnende Stimmen sind zu hören: Wer sich zuviel sunnt, lebt ungesund.

sundance city

Neuer Name für die schwäbische Metropole Stuttgart – nach Fränkföht ("the city of the euro"), Braunschweig ("the city of the lion") und Cologne ("the city of the summits") will auch Stuttgart eine deutsche Weltstadt werden. "Stuttgart wird sundance city mit einem Wissenschaftsmarkt auf dem Karlsplatz." (Die *Welt* anläßlich der Sonnenfinsternis 1999)

Aber warum sollen die anderen großen deutschen Städte abseits stehen? Hamburg ("the city of the hamburger"), Dresden ("die Bomben-city"), Munich ("the city of the white sausage"), Düsseldorf ("the city next to the city of the summits") usw.

supplement

Altdeutscher Ausruf des Erstaunens: "Supplement!" Neuerdings auch im Sinn von "Beilage" zu finden: "In dieser Ausgabe finden Sie ein Supplement der Firma Krötenmeier."

supporten

Das was die audience mit Jil Sander macht: "Für den Erfolg war mein coordinated concept entscheidend, die Idee, daß man viele Teile (parts) einer collection miteinander combinen kann. Aber die audience hat das alles von Anfang an auch supported."

Also: To combine ist fine. Oder: Um zu verdienen, mußt du gut combinen!

surfen
Gesprochen "söhfen". Die Lieblingsbeschäftigung vieler Deutscher zwischen 15 und 45. Möglich auf dem Wasser, im Internet, und seit kurzen auch im Schnee: "Surfen Sie als Freerider und Soul-Boarder durch exzellente Powder-Hänge und Couloirs." (aus dem Touristenprospekt *Berner Oberland – Winter '98/99*)

Ein besonders guter surfer heißt auch surface.

sweetshirt
Auch sweatshirt. Ein Hemd, das man bei körperlicher Arbeit trägt. Hat seinen Namen aus den Psalmen: "Unser Leben währet siebenzig Jahre, und wenn's hochkommt, so sind's achtzig Jahre, und wenn's sweet gewesen ist, so ist's Mühe und Arbeit gewesen."

system
Gesprochen "sißtem". Ersetzt zunehmend das dem Deutschen fremde Wort "System". "Mein computersißtem ist wieder einmal abgestürzt."

Für das Management von sißtems gibt es die sißtemmanagers.

T

"Michael Jacksons 'Ghost'-Video hatte mehr optischen Thrill als dieser Gothik-Western, der mit derber Erotik und überzogenen Gewaltorgien Kontakt zur Trashkultur sucht."

Spiegel Online 5. 7. 1999

take-away food
Abnehmbares Holzbein.

take-off

Offizielle Erlaubnis zum Wegnehmen. Gilt auch für Flugzeuge: "Eine ordnungsgemäß zum take off freigegebene Boing 727 ..."

take-over

Überholmanöver im Straßenverkehr. Vor Kurven und Ampeln ist das overtaken verboten.

talkmaster

Meisterschwätzer. Der von ihm nach Mitternacht produzierte Talg heißt auch late-night-talg.

Siehe auch "small talk".

talking food

Die Weiterentwicklung der Buchstabensuppe.

Lit.: www.talkingfood.de

task force

Eine Arbeitsgruppe (force) für spezielle Zwecke (tasks): "Die deutsche Pilotenvereinigung Cockpit (VC) fordert von Bundesverkehrsminister Müntefering (SPD), alle Fluggesellschaften öffentlich bekanntzugeben, die bei Untersuchungen der deutschen Sicherheitsgruppe Task Force durch schlechten Zustand des Fluggeräts auffallen." (*Focus*)

Weitere task forces sollen den DFB, die Krankenkassen und die deutschen Universitäten überprüfen – tasks, um die wir diese forces nicht beneiden.

taste
Wichtiges Bauteil bei bestimmten Musikinstrumenten, unterteilt in white tastes, black tastes und bad tastes.

tea towel
Küchentuch (nicht zu verwechseln mit tit oval = nicht ganz kreisrunde weibliche Brust). Eines von vielen highlights im Angebot der Küchengeräte-Firma Bodum GmbH. Weitere kitchen-gadgets aus dem Bodum-Sortiment: cheese wires (Käsehobel), potholders (Topflappen) und salad servers (Salatkellner).

teleworking
Spätfolge des telelearning: Das working vor/mit/an dem tele: "Ein besonderes Anliegen des Bundesministeriums für Wirtschaft und Technologie." (*Mensch und Büro*). Ein team, das vor dem tele workt, heißt auch teleworkteam (nicht zu verwechseln mit telecomteam – die fahren Fahrrad und müssen rosa Tricots tragen).

Siehe auch "workout".

telli loukel
Geschrieben telly local. Der neue Tarif der German Telecom. Man kann eine Wunschvorwahl bestimmen, dann sind alle Kohls zu dieser Vorwahl loukel Kohls.

terminal
Endstation, auch bei elektronischen Kommunikationssystemen. Oft nach Krankheiten benannt: terminal cancer, terminal alzheimer usw.

test it!

Eine Art Ersatz-Hauptschulabschlußprüfung der Firma Reemtsma AG: Wer diesen Appell versteht, bekommt den kleinen Denglisch-Schein und darf gegen eine minimale Gebühr von 5 Mark pro Schachtel auf ausgewählte Reemtsma-Zigaretten husten.

thanksgiving

Der Tag, an dem die deutsche Möbelfirma Hausmann ihren Kunden dankt: "Thanksgiving-Days bei Hausmann – Let's go to Hausmann."

Beim Thanksgiving-Gewinnspiel verlost Hausmann ein nice weekend in New York, ein country-weekend für 2 Personen (persons) auf einer original amerikanischen ranch im Schwarzwald (black forest), eine Weihnachts-Essen (x-mas dinner) und 52 Gutscheine von McDonalds. Außerdem gibt es Donats für nur 2,– und Popcorn gratis! Und als ganz besonderen service verkauft Hausmann nicht nur seine Donats, sondern auch seine tables, chairs, table-chairs, beds und boards auf Wunsch auch gegen deutsche Währung!

Lit.: Postwurfsendung "Thanksgiving Days bei Hausmann", ohne Ort und Jahr.

thrill

Wichtigste Zutat eines thrillers. Der Trottel in einem thriller ist die thrillerpfeife.

ticket

Spezialfahrschein für Kurzstrecken. Eine geniale Idee des Großraum-Verkehrs Hannover: "Alle Fahrkarten mit einer Geltungsdauer von bis zu einem Tag heißen Tickets und sind rot. Alle Fahrkarten, die länger als einen Tag gelten, heißen Cards und sind blau."

Aber keine Angst: auch die cards kauft man am ticket counter. Und im Rahmen der Aktion (action) "City fun & shopping" bekommt jeder card- und ticketuser in Hannover (Hanover) beim city shopping eine Mark (one mark) zurück. Näheres beim Großraum-Verkehr Hannover, Arnswaldstr. 19, 30159 Hannover, Tel. 0511–3661-66.

tie-break

Alter Kölner Karnevalsbrauch: Zur Weiberfastnacht wird den Männern der Schlips abgeschnitten. Nicht zu verwechseln mit Teepause (tee-break).

time-frame

Bei wichtigen Projekten dringend einzuhalten; nur unter Gefahr für Leib und Leben zu overshooten.

Beim Einhalten des time-frames hilft das timing, ebenso wie bei time-lags.

Siehe auch "deadline" oder "Justin time".

timestar

Die neue Wochenzeitschaltuhr der Firma Obi Baumarkt GmbH. Nur für Startimer. Mit großem LC-Display und Countdown-Funktion.

Lit.: www.obi.de

topless

Eine Person, der der Top fehlt. Die meisten sind weiblich und heißen Maria: Maria Stuart, Marie Antoinette usw. Aber auch manche Könige wie Tschahls I. (1649) oder Loui Sähs (1793) sind ohne Top ins Grab gefahren.

top ten

Tagesordnungspunkt Nr. 10 ("Verschiedenes").

tool

Hilfsmittel, Werkzeug. "Zentrales Tool für den unternehmensweiten Wissensaustausch ist die 'Best Practice Knowledge Base'." (Firmenzeitschrift Siemens)

Nicht zu empfehlen: die worst practice knowledge base – diesen Leuten ist alles worst.

Siehe auch "best practice" und "knowledge network".

touch

Gesprochen "tatsch". Zerfällt in den sozialen tatsch, den sportlichen tatsch und den humanen tatsch ("Nicht nur High-Tech, sondern auch Human-Touch" – Anzeige der Barmer Ersatzkasse). Daneben gibt es noch den frivolen tatsch, den intellektuellen tatsch und den Schwerenöter-tatsch (etwas tatschi: unerlaubtes tatschen bringt manchem Schwerenöter schwere Nöte).

Siehe auch "human".

tough

Wichtige Eigenschaft für das survival of the fittest. Geht leider vielen deutschen Fernsehserien ab: "Was stört Sie selbst an der Lindenstraße? – Sie könnte ruhig noch etwas tougher sein, dem Publikum noch mehr zumuten, noch mehr heiße Eisen anpacken." (*Süddeutsche Zeitung*)

Der Gegensatz von tough ist smart: "Smarte Abgänger von Business Schools verdrängten die toughen Machertypen der ersten Stunde und verschafften dem Geschäft nicht nur ein höheres Ansehen, sondern auch weiter wachsende Renditen."

Da war so mancher toughe Machertyp ganz bough.

Siehe auch "smart".

toys

Modernes Spielzeug. Toys zerfallen in toy-trains, toycars, toy-sticks (Spielzeugkrücken), toy-letters (Spielzeugbriefe) und computer games.

Besonders teure toys bringt Santa Claus an christmas, die muß man nicht selber kaufen, toy-toy-toy.

Lit: Prospekt "Games and Toys for Girls and Boys" der Karstadt AG, ohne Ort und Jahr.

track record

Schmutziger Rekord. "Bei der Emissionsberatung und -begleitung sowie dem Corporate Finance kann VMR auf einen längeren Track Record zurückblicken." (www.nebag.ch/helvetmenu.htm) So ehrlich sind Emissionshäuser nicht immer!

Auch die VEBA hat offensichtlich Spaß an schmutzigen Geschäften: "Wir haben eine Story und einen

Track Record, der unserem Aktionär VEBA schon heute gut gefällt." (Michael Hermes, Chef der Viterra Wohnen AG, in einem Interview in der *Welt*)

trader

Jemand, der tradet. An der Börse unterscheidet man day-trader (die halten ihre positions nur für days), position-trader (die halten ihre positions länger) sowie spread-trader (die traden innerhalb des spreads). Daneben gibt es noch star-trader (die traden mit stars) und ver-trader. Vertrader traden vor allem mit Staubsaugern und Wurzelbürsten.

trade sale

Der Verkauf einer Firma oder eines Firmenanteils an einen industriellen Großanleger. "Die meisten Investments im Venture Capital Bereich zielen auf diese Variante des Exits."

Eine weniger beliebte Variante des Exits ist der Exitus.

Lit.: "Venture capital in Deutschland", *direct* 1/1999.

trading desk

Der Ort, wo alle Kundenorder einer Bank zusammenlaufen, meistens in einem eigenen trading room. Hier traden die trader von morgens früh bis abends spät, nur in der Mittagspause (trade-off) vertraden sie sich kurz die Beine.

traffic

Österreichisch für “Kiosk” oder “Tabakladen”. Verkauft auch Bücher: “Wir wollen Ihnen nichts verkaufen, sondern Sie nur dazu bringen, die Amazon Homepage zu besuchen. Dort liegt es dann an Ihnen, ob Sie Bücher kaufen. Das heißt, wir organisieren den Traffic, den Verkehr in den virtuellen Shops.”

Lit.: “Wir organisieren den Traffic”, *Spiegel* 32/1999.

trailer

Der, der trailt (Nachzügler). Oft hinter Filmen oder Autos anzutreffen.

trainer

Der Führer eines trains; der oberste trainer heißt auch Bundestrainer.

trains

Zerfallen in fun-trains, fast trains, Eis-trains, Metropolitans und CityNightliners. Die CityNightliners haben einen Lounge- und einen Servicewagen sowie Deluxe-, Comfort- und Economy-Compartments. Die Comfort-Compartments zerfallen in Comfort Single und Comfort Double, es fehlt jedoch der Comfort-Triple. Der Metropolitan ist ein business train mit den drei Bereichen office, silence und club. Das office department dient als office, das silence department dient der silence, und das club department dient dem Clubben – hier serviert das Metropolitan service team kleine business snacks (sandwiches, hot-dogs oder ham and eggs).

Siehe auch “McClean”.

tranquilizer
Beruhigungspillen für besorgte Politiker: "Dabei galt Bahros Aussteigerphilosophie anfangs als gängiger Tranquilizer, den sich die Grünen gern verabreichten." (*Spiegel*) Weitere bekannte tranquilizer sind das Wort zum Sonntag oder Rudolf Scharping.

trash
Wichtiger Input beim recycling.

traveller
Ein Ausstellungsberechtiger für Traveller-Schecks. Moderne traveller, und zwar low budget traveller und big budget traveller gleichmaßen, travelen nicht nur at home, auch abroad und overseas. Low budget travellers haben ein lowes budget und fahren mit dem train. Big budget travellers haben ein bigges budget und fliegen mit der German Airhansel (mit den beliebten one-way-upgrade-vouchers – damit kann das ticket am check-in counter upgegraded werden!).

treatment
Besonders bösartige Behandlung; abgeleitet aus dem umgangssprachlichen "triezen" = jemanden bis zur Weißglut reizen.

trekking
Modernes Wandern. Anders als beim Wandern braucht man zum trekking eigene trekking-shoes und trekking socks. Trekking shoes sind heavy duty shoes für

power-walking oder mountain-climbing. Trekking socks sind spezielle socks für das trekking, ein "high protection product for best feeling" mit dry-up system und heavy duty Polstern an den Knöcheln, verstärkt durch eine pressure impact zone (aus einer Anzeige der Firma *Falke)*.

Folgende trekking-socks hat Falke (Hawk) im Angebot: Universal Trekking, Universal Trekking Women, Trekking Light, Trekking Light Women, Trekking Light Kids, High Temperature Trekking, Low Temperature Trekking, Trekking Knee High und Trekking Overknee. Zu beziehen bei FALKE, P.O. Box 11 09, 57376 Schmallenberg, Germany.

Siehe auch "hiking".

trekking

trend

Zerfällt in Aufwärtstrend (boom) und Abwärtstrend (doom). Auch als Eigenschaftswort gebräuchlich: “trendiger crosspack”; “hip, trendy und cool.” (*Die Zeit*)

Trendige Hunde heißen auch Trendsetter, ihre Welpen sind die Babysetter.

Siehe auch “boom”.

trend setter

Moderne langhaarige Jagdhundrasse. Auch noch trendy sind der Irish Setter (61–68 cm hoch, weiß mit Platten oder Tupfen) und der Gordon Setter (62–66 cm hoch, tiefschwarz mit mahagoniroten Abzeichen).

Vollkommen altmodisch (out of date) dagegen sind der Klo Setter und der Up Setter, sie sind allenfalls zum Baby Setten zu gebrauchen.

triggern

Jemandem auf dem Trigg kommen. Auch “etwas auslösen”: “Das Ablesen von Thermometern nach standardisierten Erfassungsbögen triggerte die Krankenwartung und ermöglichte eine Registratur der Ereignisse, in die auch Puls, Ausscheidungen und Medikation eingetragen werden konnten.” (*Frankfurter Allgemeine Zeitung*)

trial and error

Beliebte Such- und Forschungsstrategie; bekannt geworden durch den Filmschauspieler Error Flynn.

trip
Kurzer Ausflug, oft gekrönt von einem tripper.

trouble
Gesprochen "Trubel" (wie in "Jubel und Trubel"). In der Politik nach Wahlen sehr verbreitet: "Und dann, so befürchten die Unionschristen, werde die FDP in Bonn noch mehr Trouble veranstalten. Wenn sie nämlich, wie voraussehbar, in Kiel an der Fünf-Prozent-Hürde scheitern sollte." (*Spiegel*)

Die Person, die den Trubel beendet, heißt auch "Trubelschießer".

trucker
(i) Elektronisches Schreibgerät; (ii) Lastwagenfahrer. "Wir suchen am Standort Köln-Frechen für mehrere neue MAN 18.403-WB-Züge im mittleren Fernverkehr Trucker mit Fahrpraxis. Bitte rufen Sie an oder schikken Sie Ihre Bewerbung: Hendricks Internationale Spedition, Wiesenstraße 85, 41460 Neuss."

try out
Eine innovative Idee des Schauspielhauses Hannover (Hanover): "Theater zum Kennenlernen (outtryen): 10mal Theater für 99 Mark".

Das Ergebnis eines try outs ist dann ein try in.

Nicht zu verwechseln mit drei-out = knifflige Situation beim Baseball-Spiel.

tuning
Die Tätigkeit des tunens. Tuner tunen Motoren, aber auch Klaviere oder Tennisschläger: "Dem Racket nach Maß gehört die Zukunft – Tuning bei Tennisschlägern." (*FAZ*)

Ein tuner, der sich vertunt, ist ein tunichtgut.

turnaround
Verbotene Körperbewegung in der Bibel. "Während er sie hinaus ins Freie führte, sagte er: Bring dich in Sicherheit, es geht um dein Leben. Dreh dich nicht um, und bleib in der ganzen Gegend nicht stehen!"

Aber Lots Frau turnte sich trotzdem around, den Rest muß man heute keinem mehr erzählen ...

Lit.: Genesis 19 : 17.

turteln
Wie eine Schildkröte umherschleichen.

U

"Urban entertainment center – das revival der city-center"

(Aus einer deutschen Tageszeitung)

underdog
Der Feind der overdogs: "Als dezenter Underdog tummelt sich der Maserati Biturbo in dieser Klasse." (*Auto, Motor und Sport*)

underground
Ein Bauwerk oder eine Verkehrsverbindung underhalb des grounds; das ideale setting für underground movies.

unflat
Steil.

unified messaging
Sensationelles Angebot der Firma Web.de inclusive Freemail mit kostenlosem Telefonsupport, secure server Zugang, e-mail autoresponder, pager Benachrichtigung und vielen anderen unübertroffenen basis features für die user. "So bietet der Dienst als einziger neben Secure socket Layer Übertragung von Web-Seiten zum

Browser ... Verschlüsselungen nach dem Public Key Verfahren". (*Funkschau*)

unit

Einheiten, Bauteile oder Abteilungen. Units zerfallen in emergency units und stroke units. Emergency units sind nur für emergencies, stroke units dagegen auch für strokes.

Siehe auch "stroke unit".

university

Produktionsfabrik für bacherlors und masters.

Siehe auch "bachelor".

updaten

Etwas up-to-date bringen. Besser nicht auf die lange Bank zu schieben (on the long bank to pushen); ein nicht regelmäßig geupdateter Terminkalender z. B. läßt uns leicht appointments missen oder deadlines overshooten, von teuren time-lags beim project controlling oder billing ganz zu schweigen.

upgrade

Alternativer Name für Breitengrade nördlich des Äquators (downgrade = Breitengrade südlich des Äquators). Die Bundesrepublik Deutschland ist zwischen dem 47. und dem 55. Upgrade angesiedelt.

upperclass
Die Heimat der insider und des establishments. Liegt oberhalb der underclass und vor der fernclass, etwa zwischen der first class und der second class.

urban entertainment centers
Eine Erfindung der Werbeagentur Urban et Orbi. Sollen smarte shopper aus den factory outlet centern wieder in die urbans locken. "Die Verbindung von Kultur, Events und Handel kann neue Erlebnisqualitäten in den Zentren schaffen." (*Welt am Sonntag*)

user
Der, um den sich im modernen (modern) computing alles centert: "Siemens Nixdorf: User Centered Computing".

usual
Neuartige Verabreichung von Medikamenten: oral, rectal, usual. Dabei steckt der user seinen usus in die use und ust ganz vorsichtig nicht unter einer Viertelstunde.

utility
Heute ausgestorbener, altenglischer Adelstitel: Seine Utility, Count Edward von South-Leicester usw. Kommt gleich nach der nobility.

V

“Kids Days und Visions for You”
(Überschrift eines Artikels zum Thema “Wandertage” in: Fingerzeige – Zeitschrift für Lehrerinnen und Lehrer in Sachsen, Januar 1999).

vacations
Ersetzen zunehmend die guten deutschen holidays. Vacations zerfallen in summer vacations, winter vacations und last minute vacations. Bei last minute vacations muß erst ein anderer vacationer einen Platz vacaten.

vanity number
Eine number für die vanity. Vanity numbers für Autos oder Telefone sollen eine message vermitteln wie IAAA (“I am an asshole”) oder ähnliches.

Bei Problemen (problems) mit vanity numbers hilft wie immer die German Telekom: “Für weitere Informationen zum Thema Vanity wählen Sie freecall 0800 Telekom”.

vans
“Vans legen zu” (*ADAC-Motorwelt*). “Innerhalb der letzten vier Jahre sind Vans in der Käufergunst der Deutschen von drei auf sechs Prozent gestiegen.”

Zu den Gewinnern dieses Van-Wahns zählen etwa

der Chrysler Voyager oder der Ford Galaxy. Man unterscheidet zwischen Multi-Vans (hier können mehrere Van-Vorstellungen nacheinander stattfinden), Mini-Vans und Maxi-Vans. Maxi-Vans haben Air-Conditioning und Wärmeschutzverglasung; sie sind gut für Van-Touren geeignet.

Lit.: "Sechs Vans im Test", *ADAC-Motorwelt* 6/1999.

venture capital

Etwas, wovon es in Deutschland immer noch zuwenig gibt. Aber man holt auf. "1994 sind wir als reine Seed-Gesellschaft angetreten, wir wollten wirklich nur die ganz frühen Gründungen machen. Aber das hat nicht funktioniert. Deshalb ist Seed bei uns zurückgegangen, auf etwa ein Drittel, und die übrigen Early-Stage-Segmente (segments) sind deutlich nachgewachsen" (Bundesverband deutscher Kapitalanlagegesellschaften).

Wichtig bei Unternehmen, an denen sich ein venture capitalist beteiligt: Sie müssen exit potential haben. "Der Börsengang ist der beste Exit. Bei 10 Beteiligungen, die Sie haben, müssen Sie drei an die Börse bringen, und vielleicht weitere drei, die Sie im Trade Sale verkaufen. Dann haben Sie eine sehr hohe Performance."

Lit.: "Venture Capital in Deutschland", *direct* 1/1999.

v-neck

Die Vorstufe zum w-neck (Hemd für siamesische Zwillinge). Beim v-neck ist oben nur eine einzige v-förmige Öffnung vorgesehen.

vespen
(i) Plural von Wespe; (ii) mit einer Vespa wellenreiten ("Vesp the wave").

vip
Very impotent person. Werden zum Schutz vor dem Spott der Menge gern in VIP-Lounges gehalten.

voice dialing
Moderner Ersatz für das altmodische klingeling.

voucher
Spezialgutschein für eine kostenlose Leibesvisitation, vor allem bei Reisen nach Nordkorea oder China zu empfehlen: "Die Kontrolle trifft den Passagier völlig unerwartet. Höflich wird er beim Einchecken zur Seite gebeten, sein Flugticket, der Hotelgutschein und andere Vouchers werden photographiert." (*Spiegel*)

W

"WC-Garnitur 'toilet-master' – eine Toiletten-Garnitur, bei der an alles gedacht wurde."

(Anzeige in Brigitte)

wakeboarding

Ein neuer fun-sport aus dem fun-sport-capital of the universe, sunny funny Austria. ("Wien ist das größte Wakeboard-Event in Europa.") Und so funktioniert das wakeboarding: "Der seitliche Zug am Wasserskilift schleudert die Athleten in die Luft – wo sie mit akrobatischen Einlagen, wie Spins, Turns und Flips die Zuschauer (the audience) begeistern."

Lit.: "Wakeboard – die Wellenflitzer erobern am Samstag die Donau", *Kronenzeitung*, 1. 7. 1999.

walken

Heute vergessene, mühevolle Hausfrauenarbeit. Hat sich im angelsächsischen Ausland in der Sitte erhalten, einmal am Tag den Hund zu walken. Hilft auch gegen Venenschwäche: "Ideal (gegen Venenschwäche) ist neben einer gezielten Gymnastik Ausdauersport wie Laufen, Wandern, Walken, Tanzen und Radfahren."

Ein männlicher walker heißt auch walkman.

Lit.: "Auch viele junge Leute leiden unter Venenschwäche", *Stuttgarter Zeitung*, 18. 5. 1999.

walking
Verschärfte Form des walkens. "Walking ist ein forciertes Gehen an frischer Luft in der Natur, gekennzeichnet durch eine aufrechte Körperhaltung, eine bestimmte Armbewegung und ein relativ hohes Gehtempo." (Kursangebot "Walking" der Kreisvolkshochschule Hannover, Programm 1999)

Am schönsten walkt man vereint bei walking-treffs: "Aufgrund der großen Resonanz beim Schnupper-Lehrgang bietet die TG Boppard auch im neuen Jahr regelmäßig wöchentlich zwei Walking-Treffen an. Zunächst trifft man sich mittwochs um 19.30 Uhr und samstags um 14.30 Uhr an der Halle des Kant-Gymnasiums. Weitere Infos und Zehnerkarten gibt es bei Blumen-Decker in Boppard (Tel 21 10), bei Gitta Forneck (Tel 0 26 28 – 35 66) oder während des Walking-Treffs."

Geübte Walker versuchen sich auch im speed-walking, power-walking oder running.

ware
Zerfällt in harte Ware, weiche Ware und Nylonware: "Herren-Lack-Anoraks im Pilotenstyle, geschmeidig gelackte Nylonware" (Anzeige in *Funkuhr*).

warlords
Stichwort für den jährlichen Spiegel-Intelligenztest: "Die ganze Ohnmacht der libanesischen Bürger gegenüber den Machenschaften ihrer Warlords zeigte sich Anfang November." (*Spiegel*)

Unter den richtigen Einsendungen wurden 20 Hohlspiegel verlost. (Warlords = ehemalige Lords, die aus Geldmangel in Machenschaften machen.)

warm-up

Vor allem im Automobilrennsport gebräuchlich. Aber auch unter Lebewesen üblich – wer hat sich nicht schon mal im Winter nach einem kalten Ausflug am Ofen zuhause wieder upgewormed!

war-muphose

Noch unerforschte, vor allem bei U.S.- amerikanischen Vietnam-Veteranen beobachtete rätselhafte Appetitlosigkeit nach langem Essen. Nicht zu verwechseln mit warmup-hose.

warrants

Optionsscheine. Da aber die meisten Kunden dieses Wort nur schlecht verstehen, sagen die deutschen Banken dazu warrants. "Ab dem 1. Mai 1997 werden wir unsere Warrants auf Aktien und Indices nicht mehr wie bisher ... aktualisieren (gemeint ist updaten; W.K.), sondern ab sofort auf SAT 1 Videotext." (*Société Générale*)

Warrants zerfallen in normale warrants, covered warrants (werden nur in verschlossenen Umschlägen verkauft) und undercover warrants.

Lit.: "König Warrant-Kunde", *Finanzen* 8 / 1997.

washing

Dringend nötiger Ersatz für das altmodische und umständliche Waschen. Cars oder Fliesenböden z. B. werden heute nicht mehr gewaschen sondern gewashed: "Lavor wash Hochdruckreiniger, Zweistrahlrohr für Hoch- und Niederdruck, inkl. Zubehör und Dreckfräse 159,-". (Anzeige Obi-Baumarkt GmbH)

waste
Alte Weste; kommt bald in den Abfalleimer.

waterproof
Ein Beweis aus Wasser; vor deutschen Gerichten unzulässig.

website
Gewebeseite (= Handtuch). Nicht zu verwechseln mit wet site = swimming pool.

Siehe auch “site map”.

weekend
Kurz für “Samstag und Sonntag”. Leider fehlt für diese Tage noch ein deutsches Wort.

Eine tour über das weekend heißt auch weekendtour.

weight watcher
Leute, die ihr weight watchen. Beliebte weights sind overweight und underweight, auch heavyweight. Der watcher des heavysten weights ist der heavy weight champion.

wellness
Fitness für Akademiker. Anders als fitness ist wellness nur mit Nachdenken zu haben: “Es kommt darauf an, etwas zu tun, aber vorher darüber nachzudenken. Das unterscheidet die Wellness- von der Fitness-Bewegung.

Es geht um die Aktivität, die aus der Ruhe kommt, um die Kraft, die aus der Besinnung erwächst ... Wellness, das heißt zu lernen, was gut ist für Körper und Seele." (*Buchjournal*)

Gut für Körper und Seele ist z. B. die neue Wellness-Radroute "Teutoburger Wald" mit Fitness, Fun und Biken rund um die Uhr, von der abendlichen Massage über ein vitaminreiches Lunchpaket bis zum '24-Stunden-Wellness-Tag', auch die adventure specials der Firma "Active tours – Wellness-Adventures-Incentives" (Alexander Fleming Str. 51, 55130 Mainz) mit action pur und vielen outdoor-activities oder die Wellness Hotels und Beautyfarmen unter www.wellness-hotels.org mit links zum Silencehotel Landhaus Jammertal.

Besonders interessant der Beitrag der katholischen Kirche, genauer gesagt des Erzbistums Freiburg, das sich um wellness verdient gemacht hat. "Die Kirche wäre gut beraten, vom Gastgewerbe in Sachen Gastlichkeit und Wellness zu lernen. Wellness ist ja auch die christliche Botschaft. Wir sind eingeladen, uns wohlzufühlen. Und dies mit der göttlichen Zusage, daß wir geliebt sind. Gott ist dann unser Gastgeber und wir fühlen uns geliebt, das Leben ist schöner geworden. Hoffen wir – und arbeiten wir gemeinsam daran, daß wir zukünftig nicht nur bei Biergärten, sondern auch bei kirchlichen Veranstaltungen denken: Wellness!" (Diakon Andreas Binder vom kirchlichen Dienst im Gastgewerbe Württemberg)

Amen.

PS: Wie wir erfahren, will Diakon Binder diese frohe Botschaft auch in England und Amerika verkünden, dort ist "wellness" bisher völlig unbekannt.

Lit.: Eike Steffenski: "Wellness im Test", *Buchjournal* 1/1999; Andreas Binder: "Wellness", *Allgemeine Hotel- und Gaststättenzeitung* 24/1999.

who is who
Legendärer Ausruf von Bundespräsident Lübke beim Neujahrsempfang 1968.

wing
Die offizielle Bezeichnung für "Tragfläche" bei der German Airhansel. Angestellte, die im Dienst dafür den deutschen Ausdruck nehmen, werden völlig zu Recht mit Rückendeckung des Frankfurter Arbeitsgerichtes abgemahnt.

winner
Jemand, der andauernd winnt. "Steffi hat für mich viel zu schnell gespielt. Sie besitzt aus jeder Position einen Winner-Schlag." (*Frankfurter Rundschau*)

Der Gewinner des Trostpreises wird oft auch höhnisch matchwinner genannt.

Siehe auch "loser".

winning team
Etwas, das nie gechanged werden sollte.

womanizer
Notizbuch für Heiratsschwindler.

women's lib
Bibliothek für Frauen. Die library für Männer heißt men's lib. (Nicht zu verwechseln mit men slip = Unterhose).

women's wear

Das, was Frauen anziehen (wearen). Zerfällt in bodies, glitzerbodies, blazers, blouses, overblouses, tube-dresses, multitubes, shirts, shorts, shortys, shrugs, tops, doppeltops, overalls, overknees, jeans, hot-pants, jazzpants, boot-cut-hosen, leggings, jumpsuits, push-up BHs, string-tangas, sleepers, rippshirts, bigshirts, wikkelshirts, trägershirts, ringelshirts, poloshirts, crinkle shirts (mit turtle-neck Kragen), sweat-jackets und coordinates.

women's weeklies

Das Mittelding zwischen women's dailies und women's monthlies. Women's weeklies wie *tina*, *bella* und *Laura* erreichen allein in Germany über 5 Millionen Frauen (women): "3,55 Millionen von ihnen geben für besondere Qualität gern mehr aus."

Lit.: Anzeige in W&V 18/1999, S. 2.

wonderbra

Wunderbrarer Büstenhalter. Nicht zu verwechseln mit dem wonderbar (ein neuer candy bar der Firma Ringeltaube Markt – American Taste around the clock), oder dem neuen Küchenbesen wonderbroom.

workaholic

Ein arbeitender Alkoholiker.

workflow

Der Arbeitsablauf in der Röntgenabteilung eines modernen Krankenhauses ("workflow in einer digitalisierten Radiologie"): Wird mittels einer worklist und workstations eingehalten. "Dort ersetzen Softcopies am Bildschirm die filmgebundene Hardcopy-Befundung am Leuchtkasten."

Dagegen ist doch die früher übliche hardcopy-Befundung am Brustkasten ein alter Hut.

Lit.: "Mekka des digitalen Krankenhauswesens", *Klinik Aktuell*, Mai 1999.

workshop

Wird von Nichakademikern leicht für einen shop, in dem man workt, gehalten. Ist aber eine ganz normale Arbeitstagung, wie der workshop "Custom computing" der gemeinsamen Fachgruppe "Architekturen für hochintegrierte Schaltungen" der Gesellschaft für Informatik und der Informationstechnischen Gesellschaft oder der "Architectural Webspace Workshop" an der TU Wien (basic idea: das Gebäude soll ein shopping center und ein Kino beeinhalten).

Ein highlight für alle fitness-skater sind auch die speed-workshops der TUI Touristik Union International: "Nichts für Einsteiger, jedoch ein highlight für alle Fitness-Skater. ... Wer bei der Speedweek mitmachen will, sollte sicher auf Skates unterwegs sein und ein wenig Ausdauer mitbringen." (TUI Katalog Sommer 1999)

Immer häufiger finden workshops heute auch in workcamps statt.

Lit.: "Workcamp mit indonesischer Gruppe", *Westfalen-Blatt*, 3. 9. 1999.

workout
Auf verschiedene Arten möglich: Jogging, power-walking, skating, biking, mountain-climbing. Oder einfach nur durch working.

world
Zeitgemäßer Ausdruck für das altmittelhochdeutsche "Welt": World of music, world of fashion, usw.

world cup
Welt-Tasse. Steigerung von Europa-Tasse. Bekannte internationale soccer championship.

Nicht zu verwechseln mit Uefa Kapp = Ex-Ehefrau des wenig bekannten Fußballtrainers Karl-Heinz Kapp.

Siehe auch "soccer".

worst case

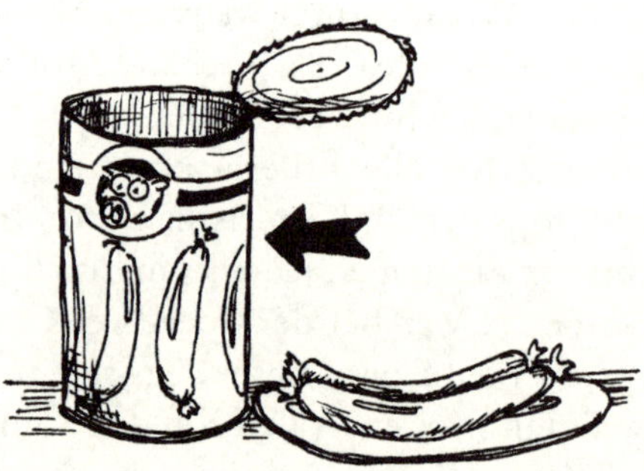

Wurstkoffer. Wird bei Worst-Festen (unter deutschen Auswanderern in Texas sehr beliebt) zum Frischhalten von Leberworst und Blutworst benutzt; bei der großen

Schlußgala (dem worst case scenario) wird dann der ganze worst case aufgegessen.

wrestling

Besonders anstrengender workout.

Siehe auch "catchen".

X

"MessageTime mit CashMemory nach jeder PhoneTime!"

(Werbung der DeutschenTelekom, nachzulesen unter http://www.t-mobil.de/d/shop/berater/tbt0s4z0.htm).

x-mas

Siehe "Christmas".

xxl

Berufsbekleidung (business outfit) der international weightwatchers association e.V. GmbH&Co KG (Motto: "Bick is beautiful").

Siehe auch "big" und "weight watchers".

Y

"Young"
(eine der häufigsten Vokabeln in der deutschen Zeitungs- und Fernsehwerbung)

yellow

Die Farbe (colour) der korrekten vote für die Kommunalwahl 1999 in Moers am Niederrhein: "Vote Yellow! Nicht Schwarz malen, nicht Rot sehen, sondern Gelb wählen."

Siehe auch "action room".

Lit.: Wahlkampfplakate des FDP-Stadtverbandes Moers, Ehrenmalstraße 14, 47447 Moers.

yesterday

Der day vor today; wird meistens als vergangen angenommen: Yesterday is gone.

yeti

Der verschollene dritte Bruder von Kreti und Pleti; zuletzt von Reinhold Messner im Himalaya gesehen.

you

Die ultimative outfit-sport-lifestyle-Jugendmesse mit heißen beach-volleyball-matches, aktuellen chartsounds und faszinierenden trial shows im bike-parcours: "Ob Fashion- oder Lifestyle-Bühne, Dance-Station, Graffiti-Contest oder Sports-Events – alles da!"

Tickets in allen Filialen der Deutschen Post (German Mail) oder unter www.ticketservice.de.

Lit.: "Jugendmesse You '99", *Musix – das Konzertmagazin*, Juni 1999.

young

Das, was viele gern forever wären. Aber auch spirits ("Famous outfit for young spirits" – *Kaufhof-Werbung*), cares (bebe young care) oder office systems bleiben gerne young: "young office system – vom 1. Schultag bis zum Abitur".

youngster

Junge, ein- bis zweijährige Pferde. Jagen gerne alte Hasen: "Tischtennis-Bezirksmeisterschaft – Youngster jagen alte Hasen" (*Sächsisches Tageblatt*). Dank moderner Gentechnik haben youngster sogar zu denken angefangen: "Schach-Youngster schaffen Aufstieg" (*Westfälisches Volksblatt*).

yuppie

Kurz für "yoghurt und perfektes pidgin". Yuppies lieben health food und dürfen nicht mehr als 30 Worte Englisch können; beim Eintritt in den yuppie-club müssen sie schwören, in jedem Satz zumindest eines davon anzuwenden.

Getarnte yuppies entlarvt man leicht mit dem IBM-test (sie sagen zwanghaft ai-bie-em).

Siehe auch "IBM".

Z

"zero tolerance"
(Neuer Wahlspruch der deutschen Polizei)

zero
Heute vergessene Comicfigur: Zero, der Rächer der Enterbten.

zipper
Gesprochen "sipper". Vornehm und anspruchsvoll für "Reißverschluß", deshalb nur sparsam und in gehobeneren Printmedien zu verwenden: "Zur Jeansfamilie gehören der Monteur-Overall ..., die vielen farbigen Latzhosen und die knallenge Röhre mit Zipper oder Schlitz am Fuß." (*Süddeutsche Zeitung*)

Ein kleiner zipper heißt auch zipperlein.

zoom
Gesprochen "suhm". Ein Apparat sum suhmen.

Zyberspatze
(i) ausgestorbener Singvogel; (ii) Schweizerdeutsch für cyberspace.

Lächerlichkeit tötet. Und das hier gesammelte "pseudokosmopolitische Imponiergefasel" (Süddeutsche Zeitung) vieler Zeitgenossen, wie affig, peinlich, oder dumm auch immer, ist vor allem eines: in hohem Maße lächerlich.

Wie bei des Kaisers neuen Kleidern scheint das aber bisher niemandem so richtig aufzufallen. Ich würde also die vorliegende Sammlung moderner Sprachverirrungen gern als Gegenstück des Ausrufs "Mutter, der Kaiser hat ja keine Kleider!" sehen: Mutter, der Kaiser hat ja keine Wörter. Und ich hoffe, das aufgeblasene Wichtigtuer-Denglish moderner lifestyle-Jünger möge, einmal in seiner ganzen Albernheit entlarvt, mangels neuer Anhänger von selbst vertrocknen.

Vorerst aber scheint die hier nachgezeichnete republikweite Flucht aus der deutschen Sprache noch an Schwung und Stärke zuzunehmen: Kein Sportfest oder Tanzvergnügen, das nicht als event verkleidet würde, kein Volkslauf oder Kegelerausflug ohne "outdoor"- oder "open-air"-Umschreibung, kein Wandertag, keine Abiturfeier, kein Grillvergnügen, kein Konzert des Kirchenchores ohne den obligaten Diener über den Atlantik und die gleichzeitige Verleugnung der eigenen Sprache und Kultur. Der moderne Modell-Germane joggt, jumpt, trekkt, walkt, skated oder biket, hat fun und feelings, moods und moments, sorrows und emotions, und scheint vor nichts auf Erden solche Angst zu haben, als neue Dinge oder Sachverhalte in seiner eigenen Sprache zu benennen – Deutsch zu sprechen ist vielen Deutschen offensichtlich lästig oder peinlich.

Was sagt der ZDF-Reporter bei der Übertragung der Sonnenfinsternis am 11. August 1999, als der Mond zum ersten Mal die Sonne berührt: first contact. Eben hat der first contact stattgefunden. Wenn deutsche Sportler, Wissenschaftler oder Wirtschaftsführer im Ausland aus dem Flugzeug steigen, sprechen sie in aller Regel sofort Englisch, oft zur peinlichen Überraschung der Gastgeber, die voller Stolz das Deutsch, das die vielleicht noch können, anwenden und benutzen wollten. Vor kurzem war der Präsident der koreanischen Gesellschaft für Deutsch als Fremdsprache bei mir in Dortmund zu Besuch; er berichtete, daß Deutsche selbst in Goethe-Instituten lieber Englisch sprechen und Koreanern raten, ihre Zeit mit besseren Dingen zu verbringen als ausgerechnet Deutsch zu lernen.

Diese Bitte an das Ausland, doch Deutsch erst gar nicht zu erlernen, hat ihren Gegenpart in der perversen Lust der Deutschen selber, das Deutsch, das sie vielleicht noch können, möglichst gründlich wieder zu vergessen. Fast selbstverständlich scheinen viele Menschen, die Deutsch als Muttersprache haben, heute das Englische als ihre Leit- und Kommandosprache aufzufassen. Das fängt mit einem angel-shop im Erzgebirge (Laden für Weihnachtszubehör) oder einer alten Dame an, die mich auf dem Bahnhof nach dem Eis-Zug fragt, und hört bei Jugendlichen auf, die den deutschen Ausdruck turteln ohne nachzudenken auf die Gehweise von Schildkröten beziehen. Man lege doch einmal einer Schulklasse von 15jährigen ohne Kommentar die folgende Wörterliste zum Vorlesen vor: art, band, brand, bug, first, funk, lack, name, station, summer, taste, rat: Selbst groß geschrieben würden diese Wörter von den meisten fast wie selbstverständlich in der englischen Sprechweise und Bedeutung aufgenommen.

Der Gipfel dieser Anbiederung an den angelsächsischen Kulturkreis ist erreicht, wenn deutsche Politiker deutsche Wähler mit englischen Werbesprüchen zu gewinnen suchen: "Law and order is a Labour issue" (SPD-Plakat bei der Wahl zur Bürgerschaft in Hamburg","Welcome today, welcome tomorrow" (Wahlkampflied der CDU in Niedersachsen) "Vote yellow" (Appell der FDP bei der NRW Kommunalwahl 1994) usw. Dito die bekannten Werbesprüche deutscher Firmen: "Schott-glass made of ideas", "Risk – covered by Allianz", "Douglas – Come in and find out", "Mannesmann – Working for the future", "Binding Beer: Check in to another world", "Siemens-Nixdorf: Vereinte Power für Open Enterprise Computing" usw. In diesem letzten Spruch sind immerhin noch zwei, wenn auch die zwei unwichtigsten Wörter deutsch, die Botschaft (message) wird auf Englisch übergeben.

Diese "linguistic submissiveness" (so die Londoner *Times*) vieler Deutschen ist würdelos und peinlich; sie mag vielleicht die Wellenlänge mancher einheimischen "ich-möchte-auch-dabeisein-yuppies" treffen, ruft aber bei ausländischen Gästen genau das Gegenteil der vielfach erhofften Wirkung hervor ("Bin ich hier in Chicago oder wo?" – Kommentar eines polnischen Gastwissenschaftlers auf dem "airport" Düsseldorf). Nicht umsonst heißt ein altes Sprichwort unter Reisenden: "Traue nur dem, der sich selbst vertraut", und mit den in diesem Lexikon versammelten Sprachscheußlichkeiten setzen wir wahre Marksteine der Mißachtung unserer eigenen Sprache und Kultur.

Da fragt sich der erstaunte Zeitgenosse: Wie kommt diese Achtlosigkeit, diese Verachtung, dieses Mit-den-Füßen-Treten der eigenen kulturellen Wurzeln zustande?

Und man hört die folgenden Argumente:

1. Wir sollten uns freuen, daß es eine so leicht erlernbare, weltweit verbreitete Sprache wie das Englische gibt.
2. Sprache ist immer im Fluß. Wir reden heute ja auch nicht mehr so wie die Minnesänger.
3. Die modernen Anglizismen umfassen höchstens 1–2 Prozent des deutschen Wortschatzes und sind deshalb allein schon mengenmäßig unbedeutend.
4. Die gegenwärtige Sprachvermischung geht in beide Richtungen: andere Sprachen übernehmen genauso auch Wörter aus dem Deutschen.
5. Die moderne Englischwelle ist doch nur eine Neuauflage der Latein- und Französisch-Wellen früherer Zeiten. Und genauso, wie das Deutsche diese früheren Wellen überstanden hat, wird es auch die aktuelle Englisch-Welle überstehen.
6. Viele technische und wissenschaftliche Neuerungen werden heute mit englischen Namen in den USA geboren.
7. Durch den Einfluß des Englischen wird das Deutsche nicht schlechter, sondern besser (knapper, ausdrucksstärker und präziser).
8. Im Englischen kann man eben bestimmte Dinge knapper und präziser formulieren.

Sehen wir uns diese Argumente einmal der Reihe nach genauer an.

1. Wir sollten uns freuen, daß es eine so leicht erlernbare, weltweit verbreitete Sprache wie das Englische gibt.

Jawohl! Aber was hat das mit unserem Problem zu tun? Viele Deutsche scheinen zu glauben, das Erlernen des Englischen sei nur durch das **Verlernen** des Deutschen zu erkaufen. Einem Holländer, Dänen, Schweden oder gar Franzosen würde so etwas nie in den Sinn kommen. In Skandinavien, wo man weit besser Englisch spricht als hierzulande, wird parallel dazu die Muttersprache weiterhin gepflegt und gut in Schuß gehalten.

Und zum Thema “leicht erlernbar”: Nur das einfache “Hallo wie geht’s dir”-Englisch ist leicht zu erlernen. Um in Englisch, ohne daß es peinlich klingt, zu philosophieren oder Gedichte zu schreiben, muß man eher mehr als weniger schwitzen als beim Deutschen.

2. Sprache ist immer im Fluß. Wir reden heute ja auch nicht mehr so wie die Minnesänger.

Stimmt. Die Frage ist nur, wohin die Sprache fließt. Eine Richtung ist der Ausguß. Und eine ganze Reihe schöner Sprachen wie Latein und Griechisch und andere, von denen wir noch nicht einmal mehr wissen, daß es sie gegeben hat, sind in diesen Ausguß abgeflossen (im Fall von Latein und Griechisch immerhin unter Hinterlassung einer Totenmaske).

Außerdem scheint die deutsche Sprache heute nicht zu fließen, sondern verdrängt zu werden, so wie das Fett auf der Suppe die Fleischbrühe verdrängt. Und genau wie ein-zwei Fettaugen durchaus den Geschmack verbessern können, kann zuviel Fett das Gegenteil bewirken (manche müssen sich gar übergeben).

3. Die modernen Anglizismen umfassen höchstens 1–2 Prozent des deutschen Wortschatzes und sind deshalb allein schon mengenmäßig unbedeutend.

Das ist das Lieblingsargument meiner verehrten Kollegen in den germanistischen und geisteswissenschaftlichen Fakultäten, damit entschuldigen sie ihr Nichtstun und ihren Mangel an Zivilcourage.

Es kommt doch nicht darauf an, welcher Prozentsatz eines Gesamtwortschatzes aus der Sprache X oder Y ausgeliehen ist. Wichtig ist allein, welcher Prozentsatz des **aktiven** Wortschatzes aus der Sprache X oder Y entnommen ist! Und hier sieht die Sache schon ganz anders aus. Ein "normaler" Bundesbürger verwendet von den 200000 bis 400000 Wörtern der deutschen Sprache (die genaue Zahl hängt davon ab, was man als Wort versteht) nur rund 10000 beim Schreiben und beim Reden. Und von diesen 10000 aktiv benutzten Wörtern sind nicht 1 %, sondern mehr als 10 % heute Englisch, bei den wichtigen, sinntragenden Wörtern eines Satzes oft mehr als die Hälfte: "Das risk-based margining system der DTB". Die einzigen deutschen Wörter sind hier das und der, und vielleicht auch noch system (obwohl die meisten Leser es vermutlich "ßißtem" und damit englisch sprechen würden).

4. Die gegenwärtige Sprachvermischung geht in beide Richtungen: andere Sprachen übernehmen genauso auch Wörter aus dem Deutschen.

Blödsinn. Trotz des berühmten Kindergartens: kein Journalist in den USA und England dürfte sich erlauben, auch nur ein einziges deutsches Wort in seine Texte einzuflechten. Alles in allem gibt es rund 70 Wörter deutscher Herkunft, die heute in den USA verwendet werden (neben Nazi und Blitzkrieg vor allem philosophische Begriffe wie Zeitgeist oder Weltschmerz usw.), verglichen mit mehr als 7000 Anglizismen im modernen Deutsch, und deren Verwendung ist auf ganz bestimmte Textsorten beschränkt.

5. Die moderne Englischwelle ist doch nur eine Neuauflage der Latein- und Französisch-Wellen früherer Zeiten. Und genauso, wie das Deutsche diese früheren Wellen überstanden hat, wird es auch die aktuelle Englisch-Welle überstehen.

Stimmt nur bedingt. Die früheren Fremdwortinvasionen gingen an der Masse des Sprachvolks vorbei. Heute ist es aber gerade die Masse der Halbgebildeten, die in englischen Imponiervokabeln schwelgen. Und auch die Nachwirkungen der vergangenen Latein- und Französisch-Wellen sind nur durch aktives Einschreiten von Sprachschützern gemildert worden: Ohne diese würden wir noch heute passion, perron, trottoir, fraternité, minorité und Dutzende anderer Leihwörter benutzen müssen.

6. Viele technische und wissenschaftliche Neuerungen werden heute mit englischen Namen in den USA geboren.

Na und? Früher hat man dafür eins-zwei-drei ein deutsches Wort erfunden: airplane = Flugzeug, helicopter = Hubschrauber, assembly line = Fließband usw. Warum sollte das heute nicht mehr möglich sein? Wo bleibt eure vielgerühmte Kreativität, ihr hochbezahlten Werbefuzzis?

7. Durch den Einfluß des Englischen wird das Deutsche nicht schlechter, sondern besser (knapper, ausdrucksstärker und präziser).

Stimmt nur bedingt. Klar ist: eine Sprache lebt durch Veränderung, durch Neuschöpfung, durch Einflüsse aus anderen Sprachen. Eine "Abschottung" der Muttersprache, wie es etwa die Franzosen praktizieren, würde zu einer Verarmung führen. Oder wie bei

Goethe nachzulesen: "Die Gewalt einer Sprache ist nicht, daß sie das Fremde abweist, sondern daß sie es verschlingt". Aber wer verschlingt hier wen?

8. Im Englischen kann man eben bestimmte Dinge knapper und präziser formulieren.

Das dümmste Argument von allen. Seine Anhänger sollten Esperanto lernen. Erstens lassen sich auch im Deutschen viele Dinge präziser und knapper als auf Englisch sagen ("halb zog sie ihn, halb sank er hin" – bitte übersetzen). Dennoch würde kein Engländer auf den Gedanken kommen, allein schon deshalb deutsch zu sprechen.

Zweitens kann man auch auf kisuaheli viele Dinge knapper und präziser als im Deutschen formulieren.

Damit sind wir wieder bei unserer Ausgangsfrage: Warum flüchten so viele Deutsche so bereitwillig und ohne Not aus ihrer Sprache? Denn was ist das anders als eine Flucht, wenn deutsche Firmen in Deutschland auf Englisch deutsche Kunden suchen, wenn deutsche Parteien auf Englisch deutsche Stimmen fangen, wenn wir Nachrufe für deutsche Bundesbürger in deutschen Zeitungen auf Englisch lesen?

Meine Vermutung ist: wir flüchten nicht eigentlich aus unserer Sprache (das ist nur ein Symptom und für die Flüchtenden eher nebensächlich), wir flüchten aus unserer nationalen Haut als Deutsche. Lieber ein halber Ami als ein ganzer Nazi, man möchte endlich, und sei es auch nur leihweise, zu denen gehören, die immer in Hollywoodfilmen gewinnen, zu den Edlen, Guten und Geliebten dieser Erde. Vielleicht kann die deutsche Sprache, um zum Anfang dieses Buches zurückzukehren, tatsächlich nur dadurch überleben, daß wir um den

Status eines US-Bundesstaates anhalten und dann Minderheiten-Schutz verlangen?

Aber ganz so weit ist es noch nicht. Vielleicht schaffen wir es ja doch aus eigener Kraft, daß auch noch in 100 Jahren Menschen auf der Erde Goethe oder Schiller ohne Übersetzung lesen können, daß das in Jahrtausenden gewachsene Kunstwerk "Deutsche Sprache" nicht zu einem Pidgin-Dialekt zerbröselt, sondern weiter die "große Orgel" (Jean-Paul) unter allen Sprachen bleibt, auf der Dichter und Denker auch in Zukunft gerne spielen. Wir müssen es nur wollen. Und wenn dieses Buch mithilft, die aktuelle Flucht aus der deutschen Sprache als solche zu erkennen und für Widerstand zu sorgen, so hat es seinen Zweck erreicht.

Walter Krämer, Götz Trenkler

Lexikon der populären Irrtümer

500 kapitale Mißverständnisse, Vorurteile und Denkfehler von Abendrot bis Zeppelin.
411 Seiten. SP 2446

Vorurteile und Irrtümer bestimmen unseren Blick auf die Welt im großen und ganzen, aber auch im kleinen und im besonderen. Die Autoren, renommierte Professoren, zeigen wissenschaftlich belegt und statistisch untermauert, von wie vielen und von welchen Irrtümern wir umgeben sind und wie es sich daneben mit der Wahrheit verhält.
Daß Spinat nicht gesünder ist als sonstige Gemüsesorten, Hamburg mehr Brücken als Venedig hat und Nero nicht grausamer war als andere römische Despoten, hat sich allenthalben herumgesprochen, doch immer noch kursieren Hunderte von weiteren Irrtümern und Mißverständnissen im sogenannten Allgemeinwissen. Die beiden Professoren Walter Krämer und Götz Trenkler rücken in ihrem Lexikon unser verschobenes Weltbild auf höchst amüsante Weise zurecht: So erfahren wir, daß die arabischen Ziffern gar nicht aus Arabien, sondern aus Indien stammen, der Vogel Strauß bei Gefahr gar nicht seinen Kopf in den Sand steckt, heißes Wasser einen Brand schneller löscht als kaltes und Raucher die Gesundheitskasse nicht mehr, sondern weniger belasten, weil sie früher sterben.

»Für den Rezensenten war das Lexikon der populären Irrtümer das erste Lexikon, das er von A bis Z gelesen hat – und das mit dem größten Vergnügen.«
Die Zeit

Walter Krämer

Denkste!

Trugschlüsse aus der Welt des Zufalls und der Zahlen.
188 Seiten. SP 2443

Walter Krämer, Michael Schmidt

Lexikon der populären Listen

Gott und die Welt in Daten, Fakten, Zahlen.
416 Seiten. SP 2591

SERIE PIPER

Walter Krämer

So lügt man mit Statistik

206 Seiten. SP 3038

Jeder weiß es: Mit Zahlen wird manipuliert, geschummelt, betrogen. Abteilungsleiter frisieren ihre Quartalsbilanz, und die Bundesregierung rechnete unser Land so schön, daß der Euro eingeführt werden kann. Walter Krämer hat unter die Lupe genommen, was da nicht stimmt. Er stellt dubiose Praktiken bei der graphischen Aufbereitung von Daten bloß, entlarvt die Illusion der Präzision in der Statistik, führt vorsortierte Stichproben, naive Trends und gefälschte Tests vor, deckt synthetische Superlative und manipulierte Mittelwerte auf, sieht statistischen Falschmünzern bei Basismanipulation zu. Vorkenntnisse sind für die Lektüre nicht erforderlich: Die vier Grundrechenarten und eine gewisse Skepsis gegenüber Datenhändlern aller Art genügen. Ein brillantes, unterhaltsames und aufklärerisches Buch – sachkundig und hilfreich für alle, die mit Statistik zu tun haben, sei es beruflich oder privat.

Walter Krämer, Götz Trenkler, Denis Krämer

Das neue Lexikon der populären Irrtümer

Weitere Vorurteile, Mißverständnisse und Denkfehler von Advent bis Zyniker
387 Seiten. SP 2797

Irren ist menschlich, und weil es bekanntlich jede Menge Möglichkeiten gibt, sich zu irren, haben Walter Krämer und seine Co-Autoren nach ihrem ersten Riesenbestseller nun im »Neuen Lexikon der populären Irrtümer« weitere Vorurteile, Mißverständnisse und Denkfehler aufgespürt. Hätten Sie gewußt, daß nicht erst in der Neuzeit, sondern schon bei den alten Römern mit Beton gebaut wurde? Oder daß bei einer Blinddarmoperation gar nicht der Blinddarm entfernt wird? Haben Sie bisher gedacht, die »Blaue Mauritius« sei die teuerste Briefmarke der Welt? Diese vergnügliche Lexikon klärt Sie auf über Lügen und Legenden zu Attila und Aschenputtel, Nationalhymne und Nasenbluten, Schweinefleisch und Schwarzarbeitern, zu Waldsterben und Weihnachtsbäumen.

Gustave Flaubert

Das Wörterbuch der Gemeinplätze

Nachwort von Julian Barnes. Zwischenblätter von Volker Kriegel. Aus dem Französischen von Gisberth Haefs, Irene Riesen, Thomas Bodmer und Gerd Haffmans. 158 Seiten. SP 3016

In diesem boshaften Wörterbuch hat Gustave Flaubert Klischees, Platitüden und Halbwissen versammelt, mit denen man nicht nur in der besseren Gesellschaft seiner Zeit, sondern auch heute noch Eindruck schinden kann. Beim Stichwort »Autor« heißt es: »Man muß dies und das gelesen haben; von wem, ist nicht so wichtig.« So empfiehlt uns Flaubert etwa auch den Gebrauch von Wörtern wie fulminant (»prima Wort«) und Giraffe (»höfliches Wort, wenn man eine Frau nicht ›Kamel‹ nennen will«) und verrät uns, worüber man sich im Smalltalk entrüsten und worüber man sich lustig machen sollte. Hintergründig entlarvt er seine Zeitgenossen und hält der Gesellschaft den Spiegel vor.

Das Streiflichtbuch

Handreichungen und Fingerzeige aus der Süddeutschen Zeitung. Herausgegeben von Axel Hacke, Claus Heinrich Meyer, Herbert Riehl-Heyse, Rainer Stephan und Hermann Unterstöger. 319 Seiten mit Zeichnungen von F. W. Bernstein. SP 2993

Wer kennt sie nicht, die geistreichen »Streiflichter« der Süddeutschen Zeitung? Seite eins, links oben und das jeden Tag! Endlich sind sie auch in einem Taschenbuch versammelt, natürlich nur die absoluten Highlights, die über die Tagesaktualität hinausgehen: ironisch-amüsante Betrachtungen zu Alltagsphänomenen, handfeste politisch-gesellschaftliche Satiren, bissige Beobachtungen über Personen des öffentlichen Lebens. Auch erfahren wir alles Wesentliche über Außerirdische und Sternzeichen, Nachtigallen und Lemminge, über die deutsche Einheit und die deutsche Vergangenheit, über den schiefen Turm von Uelzen und das Sommerloch. Außerdem lüften die Herausgeber das wohlgehütete Geheimnis, wie das tägliche Streiflicht eigentlich zustande kommt.«

Dirk Maxeiner, Michael Miersch

Lexikon der Öko-Irrtümer

Fakten statt Umweltmythen.
494 Seiten. SP 2873

»Das Klima kippt.« – »Der Wald stirbt.« – »Die Rohstoffe werden immer knapper.« Täglich werden wir mit solchen Schreckensmeldungen konfrontiert. Häufig steckt dahinter jedoch ein Gemisch aus widersprüchlichen oder fragwürdigen Zahlen, aus Annahmen, Schätzungen und unzulässigen Verallgemeinerungen. Die renommierten Journalisten Dirk Maxeiner und Michael Miersch untersuchen rund hundertfünfzig Vorurteile, hinterfragen sie kritisch und lassen kompetente Wissenschaftler zu Wort kommen. Sie plädieren für einen Neuanfang in der Umweltpolitik und empfehlen, die erstarrten Weltbilder durch fröhliche Aufklärung und konstruktive Veränderung zu ersetzen. Sie bringen fundierte Fakten und Zahlen auf den Tisch, die ein erheblich differenzierteres Bild über den Zustand unseres Planeten ermöglichen.

Werner Fuld

Das Lexikon der Fälschungen

Lügen und Intrigen in Kunst, Geschichte und Literatur.
352 Seiten. SP 3011

Fälschung ist, wenn man erwischt wird. Und weil das selten geschieht, ist die Welt voller Fälschungen: Rolex-Uhren, Stradivaris, Münzen, Briefmarken, Hitlers Tagebücher und Shakespeares Manuskripte, Gemälde von Picasso und Skulpturen von Rodin. Werner Fuld präsentiert Lügen und Intrigen in Kunst, Wissenschaft, Geschichte und Literatur, er schildert unterhaltsam und kenntnisreich Hintergründe und Anekdoten, Ungeheures und Unglaubliches über Fälscher, Gefälschtes und ihre Opfer.

»Der Leser staunt und amüsiert sich köstlich – auch darüber, daß einige Fälschungen fast noch origineller wirken als manche Originale. Zumal Werner Fuld ausgesprochen originell, unterhaltsam und kenntnisreich in die Welt der Fälschungen, Plagiate und Erfindungen entführt.«
Deutsche Welle

Walter Gerlach

Das neue Lexikon des Aberglaubens

285 Seiten mit zahlreichen Abbildungen. SP 2796

In unserer modernen technisierten Welt spielt der Aberglaube noch immer eine größere Rolle, als wir uns eingestehen wollen. Viele Menschen glauben an das Walten undurchschaubarer Mächte und suchen im Alltag nach Hinweisen und Zeichen für Glück oder Unglück. Unterhaltsam und kenntnisreich erklärt Walter Gerlach in seinem »Neuen Lexikon des Aberglaubens« den Ursprung, die Geschichte und die Funktion von Symbolen des Guten und des Bösen. Wir erfahren alles Wissenswerte über die Zauberkraft von Alraune, Bilsenkraut und Fingerhut, über Geister, Hexen und Heinzelmännchen, warum wir dreimal auf Holz klopfen, anderen Menschen den Daumen drücken und nicht etwa den Zeigefinger und warum Hufeisen, Schweine und Schornsteinfeger Glück bringen.

Charles Panati

Populäres Lexikon religiöser Bräuche und Gegenstände

Von Altar bis Yin und Yang. Deutsche Fassung von Reinhard Kaiser. 637 Seiten mit zahlreichen Abbildungen. SP 2795

Warum falten Menschen beim Beten die Hände? Was war die Funktion der ersten Altäre? Weshalb gibt es neun Klassen von Engeln? Wer schrieb die Bibel, den Talmud und den Koran? Dieses erhellende, kenntnisreiche und unterhaltsame Lexikon präsentiert das gesamte Spektrum religiöser Themen und Ideen. Charles Panati erläutert, wie sich die fünf großen Religionen – Judentum, Christentum, Islam, Buddhismus und Hinduismus – entwickelten, und untersucht den Ursprung religiöser Rituale und Bräuche, die Gründe von Feiertagen und Symbolen, die Bedeutung von Kleidern, Sakramenten und Gebeten. Eine unerschöpfliche Quelle für alle, die an der Geschichte der Religionen interessiert sind, und ein inspirierender Leitfaden für die Menschen, die ihren eigenen Glauben besser verstehen wollen.

SERIE PIPER

Leah Hager Cohen

Die Welt hinter den Dingen

Die ungewöhnliche Geschichte von Glas, Papier und Kaffeebohnen. Aus dem Amerikanischen von Christel Dormagen. 354 Seiten. SP 2871

Eine Entdeckungsreise, die in einem Café beginnt – Leah Hager Cohen hat sich auf die Spurensuche des Alltäglichen gemacht: Wie kommen die Zeitung und das hohe Glas mit dampfendem Kaffee zu ihr? Woher stammt das Holz für das Zeitungspapier, wer hat die Kaffeebohnen angebaut, und wo wurde das Glas gefertigt, aus dem sie ihren Kaffee trinkt? Es wird eine aufregende Reise: Sie besucht die Menschen, die den Kaffee anbauen, und jene, die ihn bis zu ihr transportieren. Sie geht den Weg nach, den das Glas genommen hat, bevor es zu ihr gekommen ist. Sie verfolgt das Zeitungspapier zurück bis zu jenen Holzfällern Kanadas, wo seine Geschichte ihren Anfang nahm. Nebenbei und mit leichter Hand erzählt sie auch die Entwicklung der Glasherstellung, der Papierproduktion und des Kaffeeanbaus.

Robert Levine

Eine Landkarte der Zeit

Wie Kulturen mit Zeit umgehen. Aus dem Amerikanischen von Christa Broermann und Karin Schuler. 320 Seiten. SP 2978

Können Sie sich vorstellen, ohne Uhr zu leben? Können Sie auf Pünktlichkeit bei sich und anderen verzichten? Können Sie ruhig und gelassen im Stau stehen, wenn ein wichtiger Termin ansteht? Der Wissenschaftler Robert Levine hat das Verhältnis des Menschen zur Zeit in 31 verschiedenen Ländern untersucht, um die Unterschiede im Lebenstempo zu ermitteln. Dabei wird deutlich, daß das Zeitgefühl eines Kulturkreises tiefe Konsequenzen für das körperliche, seelische und soziale Wohlbefinden seiner Menschen hat. Levine beschreibt die »Uhr-Zeit« im Gegensatz zur »Natur-Zeit« – dem natürlichen Rhythmus von Sonne und Jahreszeiten – und zur »Ereignis-Zeit« – der Strukturierung der Zeit nach Ereignissen. Robert Levine glückte ein eindrucksvolles Porträt der Zeit, das dazu anregt, unser tägliches Leben aus einer anderen Perspektive zu betrachten und neu zu überdenken.

Wolf Schneider

Die Sieger

Wodurch Genies, Phantasten und Verbrecher berühmt geworden sind. 590 Seiten. SP 2217

Die Vorläufer des Geniekults reichen bis in die Renaissance zurück; in der Aufklärung erlebte er seinen ersten Höhepunkt. Aber wer definiert den Begriff des Genies, wer setzt die Maßstäbe zur Beurteilung? Wie wurden sie zu Siegern? Welche Talente und Charaktereigenschaften mußten zusammentreffen, und wo bleiben in dieser Aufzählung die Frauen? Und warum waren so viele, die Großes geschaffen haben, besessene oder widerwärtige oder tiefleidende Menschen? Von den Siegern im Wettlauf nach dem Ruhm handelt dieses Buch: von Genies wie Mozart, von Verbrechern wie Hitler, von Glücksrittern wie Kolumbus, von Phantasten wie Marx. Ein Panorama der faszinierendsten Persönlichkeiten der Geschichte, ein Handbuch der Verblüffungen.

Wörter machen Leute

Magie und Macht der Sprache. 432 Seiten. SP 479

»Schneiders Report über den Dschungel unserer Sprache, von den Wurzeln bis zu den Auswüchsen, liest sich spannend wie ein Abenteuerroman.«

Capital

Deutsch für Kenner

Die neue Stilkunde. 397 Seiten. SP 2216

In Wolf Schneider, dem journalistischen Profi schlechthin, begegnet man einem Lehrmeister der Spitzenklasse. Sein Katalog der Verfehlungen ist schier grenzenlos, sein Katalog der Hilfsmaßnahmen praktisch und einleuchtend. Am ausführlichsten widmet er sich dem obersten Gebot der Verständlichkeit – ein weites Feld! Mit »Deutsch für Kenner« gelang ihm wiederum ein überaus nützlicher Führer durch die deutsche Sprache, eine Fundgrube für jeden, der die deutsche Sprache liebt.

Erving Goffman

Wir alle spielen Theater

Die Selbstdarstellung im Alltag. Aus dem Amerikanischen von Peter Weber-Schäfer. Vorwort von Ralf Dahrendorf. 256 Seiten. SP 312

An verblüffenden Beispielen zeigt der Soziologe Goffman in diesem Klassiker das »Theater des Alltags«, die Selbstdarstellung, wie wir alle im sozialen Kontakt, oft nicht einmal bewußt, sie betreiben, vor Vorgesetzten oder Kunden, Untergebenen oder Patienten, in der Familie, vor Kollegen, vor Freunden.
Erving Goffman gibt in diesem Buch eine profunde Analyse der vielfältigen Praktiken, Listen und Tricks, mit denen sich der einzelne vor anderen Menschen möglichst vorteilhaft darzustellen sucht. Goffman wählt dazu die Perspektive des Theaters. Wie ein Schauspieler durch seine Handlungen und Worte, durch Kleidung und Gestik, angewiesen von einer unsichtbaren Regie, einen bestimmten Eindruck vermittelt, so inszenieren einzelne und Gruppen im Alltag »Vorstellungen«, um Geschäftspartner oder Arbeitskollegen von den eigenen echten oder vorgetäuschten Fähigkeiten zu überzeugen. Daß dies nichts mit Verstellung zu tun hat, sondern ein notwendiges Element des menschlichen Lebens ist, macht Goffman anschaulich und überzeugend klar.

»Die soziale Welt ist eine Bühne, eine komplizierte Bühne sogar, mit Publikum, Darstellern und Außenseitern, mit Zuschauerraum und Kulissen, und mit manchen Eigentümlichkeiten, die das Schauspiel dann doch nicht kennt ... Goffman geht es ... um den Nachweis, daß die Selbstdarstellung des einzelnen nach vorgegebenen Regeln und unter vorgegebenen Kontrollen ein notwendiges Element des menschlichen Lebens ist. Der Sozialwissenschaftler, der dieses Element in seine Begriffe hineinstilisiert – Rolle, Sanktion, Sozialisation usw. –, nimmt nur auf, was die Wirklichkeit ihm bietet ... Soziologie macht das Selbstverständliche zum Gegenstand der Reflexion.«
Ralf Dahrendorf

SERIE PIPER

Paul Watzlawick

Die erfundene Wirklichkeit
Wie wissen wir, was wir zu wissen glauben? Beiträge zum Konstruktivismus. Herausgegeben von Paul Watzlawick. 326 Seiten mit 31 Abbildungen. SP 373

Wie wirklich ist die Wirklichkeit?
Wahn, Täuschung, Verstehen. 252 Seiten mit 17 Abbildungen. SP 174

Vom Unsinn des Sinns oder vom Sinn des Unsinns
Mit einem Vorwort von Hubert Christian Ehalt. 83 Seiten. SP 1824

»Wenn sich der brillante Philosoph und Psychoanalytiker Paul Watzlawick Gedanken über den Sinn und seine Täuschungen macht, ist Konzentration gefragt. Trotz aller Verwirrung und sprachmächtigen Wortspielereien behandelt er nämlich die zentrale Frage der menschlichen Existenz. Unbedingt ernstzunehmen.«
Forbes

Anleitung zum Unglücklichsein
132 Seiten. SP 2100

»Ein Lesevergnügen mit paradoxem Effekt. Das Nichtbefolgen der ›Anleitung zum Unglücklichsein‹ ist die Voraussetzung dafür, glücklich sein zu können.«
Brigitte

Vom Schlechten des Guten
oder Hekates Lösung. 124 Seiten. SP 1304

Paul Watzlawick / Franz Kreuzer
Die Unsicherheit unserer Wirklichkeit
Ein Gespräch über den Konstruktivismus. Mit einem Beitrag von Paul Watzlawick. 76 Seiten. SP 742

Paul Watzlawick / John H. Weakland (Hrsg.)
Interaktion
Menschliche Probleme und Familientherapie. Forschungen des Mental Research Institute 1965–1974. 526 Seiten mit 4 Abbildungen. SP 1222